大樂文化

余博教你用

200張圖學會

> 5分鐘算出買進與賣出的價位，下單會更賺 <<<

K線算價

教過數十萬金融界學員的

經濟學博士 余適安◎著

目錄

第 2 章 外資法人操盤 多空進場的轉捩點

第 3 章 學會 16 種 K 線算價， 能準確抓住買賣點

第 **4** 章 **計算量價關係，
看清資金動向與避開風險** ············· 125

第5章 打出降龍18式，讓投資更容易獲利翻倍

第 **6** 章 **掌握財務報表，
用 6 方法算出合理的股價** ··············· 197

第**7**章 **了解宏觀經濟特徵，
判斷股市升溫或降溫** ················ 241

打通型態與量價的獲利任督二脈

大學念中文系的慶龍，為了培養第二專長，強化未來的競爭力，當兵退伍之後，就開始進修投資理財的學習課程。然而，琳瑯滿目的投資學世界，曾一度讓人感到不知所措，在自學的過程中，甚至常常有「鴨子聽雷」的無力感。幸運的是，後來認識了當時在教「財報分析」與「投資學」的余適安老師，余老師深入淺出、幽默風趣且充滿熱情的教學，不僅給慶龍在學習上很大的幫助，更開啟之後在投資事業上的發展。

回首那一段啟蒙的時間，認識余老師也超過 20 年了，雖然歲月在變，但余老師的教學熱誠，不僅沒有改變，甚至增添了更多在本職學能上的底蘊，並完全展現在《200 張圖學會 K 線算價》這本著作中。

技術分析中的 K 棒，常常隱藏許多大學問，尤其在股票市場中很多爾虞我詐的交易行為，其實都會反應在 K 線的變化上。投資人如果能學會並看懂它，甚至進一步掌握「型態」與「量價」的關係，往往可以達到「趨吉避凶」的效果。至於如何學會看懂它？余老師的這本著作與編排，相信可以提供讀者由淺入深、完整且有系統性的學習。最後，再結合余老師的「降龍 18 式」，自然能夠打通投資獲利的任督二脈。

《投資家日報》總監孫慶龍

2023 年 9 月 7 日

作者序

善用多空算價，才能預測股價的高低點

　　股票市場是一個公平投資的市場，小散們如何在股市賺到第一桶金，或是存股當退休金？除了要有一套好的策略方法，進場與出場的價位更是小散們獲利的重要關鍵。

　　余博士在股市三十八年，歷經幾次金融海嘯、股市大起大落，最常被小散們問到的問題是：

- 股票高檔可以追嗎？
- 這檔股票會漲到哪？
- 甚麼價位可以賣？
- 買點在哪裡？

　　許多小散在牛市尾巴拉回時搶進，而慘遭套牢；當然也有小散在熊市末端不懂得買進倉位，最後一路看著股票飆漲而扼腕。為了幫助小散們可以精準的算出股票的買賣點位，安心的賺取盈利或存股，余博士從財報分析、技術分析、宏觀經濟政策等方向，教導投資朋友簡單學會算價這門學問，使進出不盲從，買賣更有目標。

　　余博士在金融理論與實務的教學上，已有二十八年經驗。最常看到投資人遇見的問題不外乎：

股票買在高檔套牢了，怎麼辦？

股票下跌到哪個價位才能買進？

股票買了小賺就跑，少賺後面一大段，悶死了！

股票買進後漲幅有一段價位了，會繼續漲嗎？該不該獲利了結？

上述這些經歷，也是余博士初踏入股市時買賣股票所遇到的問題。余博士深知投資人賠錢賣股票會很心痛，而且賣出股票後看到繼續上漲更心痛！因此，余博士將自己畢生所學，關於如何合理計算股票買賣價位的方法編寫成冊，希望在實務上幫助投資人，買賣有目標，不再茫茫然。

💰 本書運用不同股市分析及型態，計算股票合理買賣價位

- 技術分析
- 股票型態
- 量能分析
- 財務報表分析
- 宏觀經濟分析

余博多年來受邀至大陸股票市場，教授技術分析、財務報表分析、產業分析與總體經濟等課程，深研該市場的實務操作，而本書所用的算價範例與方式，更不受限於全世界的股票市場。200 張圖學會算價是一本股票操作的工具書，只要學會了算價精髓，皆可套用於任何股票市場，並且能運用價位操作克服心態，對於投資獲利操作更是無往不利。

在實務應用上，長線投資與短線投資所使用的方法略有不同。

長線投資：主要獲利來自於參與公司的成長與領取股利，著重財務報表分析，配合技術分析算價。

短線投資：獲利來源則是賺取股票波動的價差，在技術分析與量能分析上著墨。

當然技術分析種類不少，透過算價所計算的價位也並非萬無一失，但它是讓投資人有明確投資目標最好的方法。許多投資人應該很苦惱，到底

何種方式最為精準？依照余博士的操作經驗，偏愛 N 字與倒 N 理論，通常當 N 或倒 N 形成時，有 90% 的機率能達到算價水準。

任何投資皆有風險，但投資是致富最快捷的方式。余博士衷心企盼，讀過本書後，不僅能計算出股票是處於便宜、合理或昂貴的價格，讓每一次的買賣都有所依據，也能學會風險控管，邁向投資致富的億萬人生。

第 1 章

技術分析
反覆操作的 7 個基本功

記錄訊息的 K 線圖

　　K 線是由日本江戶時代的大米商本間宗久所發明的，他以當時被稱為「蠟燭」的 K 線來記錄每天的米價，因而累積了龐大的財富。他死後，人們發現 K 線不僅可以記錄每天米市的價格，還透露出許多訊息，因此被後人廣泛使用，而現今則是被廣泛運用在股票、期貨、貴金屬等市場。

　　K 線的應用原理很簡單，首先投資人需要找出四個價：開盤價、最高價、最低價、收盤價。在開盤價到收盤價之間塗成實體顏色，而最高價、最低價到實體之間的距離就用一條線連接。中間實體的部分為開盤價到收盤價的價差，而最高價到實體的部分稱為上影線，最低價到實體的部分稱為下影線。

　　當股票的收盤價高於開盤價時，稱為「陽線」；當股票的收盤價低於開盤價時，稱為「陰線」。陽線、陰線的顏色會因國家、看盤軟體而異。在中國，陽線會以紅色（朱色）來代表，而陰線最常以綠色、黑色來表示。投資人必須注意的是，歐美的用法跟臺灣剛好是相反的，陽線會以綠色、黑色來表示，陰線則是會以紅色、朱色來表示。現今的看盤軟體很多都可以讓投資人自行更改顏色，使投資人用自己最熟悉顏色看盤。

股票投資如同一場馬拉松，
能贏得最後勝利的人，
一定是用 策略 + 自律的長期投資者。

K 線的畫法，
日 K 線、周 K 線、月 K 線

　　K 線是一段時間內價格的變動所畫出來的線圖，例如：以一天為一個區間畫出來的 K 線圖稱為日 K 線；以一周為一個區間畫出來的 K 線圖稱為周 K 線。常見的 K 線有以下幾個：

- 日 K 線：一日為單位所畫出來的 K 線。
- 周 K 線：一周為單位所畫出來的 K 線。
- 月 K 線：一個月為單位所畫出來的 K 線。
- 60 分 K 線：60 分鐘為單位所畫出來的 K 線。
- 5 分 K 線：5 分鐘為單位所畫出來的 K 線。

　　K 線的功能眾多，不單僅是記錄每天價格的變動，投資人還可以根據過去的資料，作未來股價的合理判斷。這些看似簡單就能畫出的 K 線，其實在分析上並不是那麼容易，**長相一樣的 K 線可能因為出現的位置、時機不同，而有不同的解釋。**

　　例如：大家都會說在股價低檔區出現有著長下影線的 K 線，這個長下影線代表著支撐，預示著將來股價可能反轉而上；但是如果這個長下影線的 K 線是出現在股價高檔區，投資人應該小心，因為此時的長下影線並不代表著支撐，此型態的 K 線稱作「吊人線」，預警著這種多頭行情可能已經到尾聲，股價可能急轉直下。所以投資人要學好 K 線，不僅要知道單一線圖的意思，還須搭配整體的行情作解釋。

1. 用一日股價的走勢所畫出的「日 K 線」

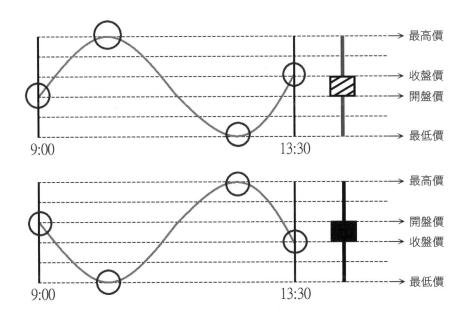

2. 收盤價＞開盤價是陽線，開盤價＞收盤價是陰線

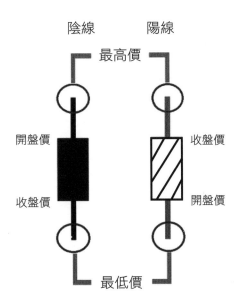

3. 用一周股價的走勢所畫出的「周 K 線」

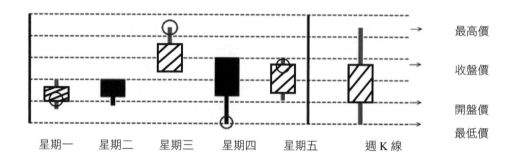

星期一　　星期二　　星期三　　星期四　　星期五　　　　週 K 線

最高價

收盤價

開盤價
最低價

4. 用一個月的走勢所畫出的「月 K 線」

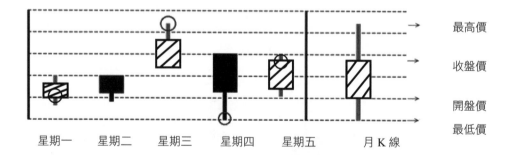

星期一　　星期二　　星期三　　星期四　　星期五　　　　月 K 線

最高價

收盤價

開盤價
最低價

投資是終身學習的學問，
投資功夫紮得愈深，
報酬就愈大！

價位透露訊息，
開盤價、收盤價、最高價、最低價

投資人會畫 K 線後，首先要知道開盤價、收盤價、最高價及最低價的隱含意義。K 線畫出來後，除了一整條 K 線以外，各價格也會透露出一些小訊息。

開盤價

以一天為單位所畫出的日 K 線，開盤價將會是當天第一個撮合成交的價格；以一周為單位所畫出的周 K 線，開盤價就是星期一或（當周開盤第一天）的開盤價。開盤價通常是反應開盤前的利多或利空消息，以及看出主力的企圖心，當開盤價直接漲停或跌停，就知道主力是作多或作空。

此外，**如果前一交易日出現變盤訊號（十字線、一字線、T 字線等），今天的開盤價就變得非常重要**，如果今天跳空上漲表示股市後市看漲，但如果是跳空下跌表示股市後市看跌。

💰 收盤價

　　以一天為單位所畫出的日 K 線，收盤價為最後一個撮合成交的價格；以一周為單位所畫出的周 K 線，收盤價是星期五（或當周最後交易日）的收盤價。收盤價所顯示的是當天多空的強弱，投資人可以用此預測隔日的開盤價。

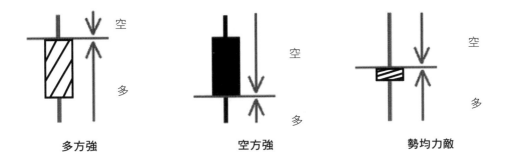

| 多方強 | 空方強 | 勢均力敵 |

💰 最高價

　　最高價也是當天多方力道能攻到的最高價，到這個價位後，多方沒力道再次上攻，而有可能形成所謂的上影線。投資人要小心有著長上影線的 K 線，因為上影線就是開盤後股價上沖到最高價後回跌到實體（開盤價或收盤價）的幅度。

　　當上影線越長，代表股價上升後下修的幅度越大，有著一股賣壓的概念，同時也代表有人在此套牢。如果希望股價仍持續上漲，此時上影線越短越好。

💰 最低價

　　最低價也是當天空方攻擊力道最強大時所到達的低價區，來到這個價位後，空方無力將股價再次向下殺，有可能形成所謂的下影線。

　　下影線是開盤後股價跌至最低價後，又漲回到實體（開盤價或收盤價）的幅度。當下影線越長，代表股價下跌後上升的幅度越大，有股力量

支撐著股價上漲，代表著眾多投資人在下影線形成時追價意願較高。

　　當一檔股票在低檔出現長下影線時，代表股價低點即將成形，低檔承接意願高，股價有可能翻轉上漲。

T 字線

　　開盤價、收盤價、最高價都是位於同一價位。當天開盤後，股價下跌，而後續漲回至開盤價，表示賣方不弱，使股價一度下跌，但是買方的力道更強一點，後市仍是看漲的。

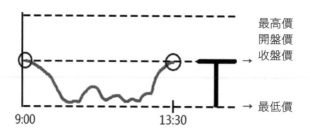

倒 T 字線

　　又稱為「墓碑線」，開盤價、收盤價、最低價都是位於同一價位。當天開盤後，股價上漲，而後又下跌回至開盤價，代表買方力道不弱，但是賣方力道更強，市場上想追價的意願不高，後市看跌。

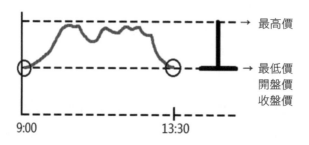

💰 一字線

　　當一字線出現時，代表著當天的開盤價、收盤價、最高價及最低價都是同一價位。

　　如果這一字線是跳空漲停（上圖），代表當天一開盤，股價就達到漲停板的價位，有錢也買不到。如果這一字線是跳空跌停（下圖），代表當天一開盤，股價就跌至跌停板的價位，想賣也難以脫手。

1. 跳空漲停一字線

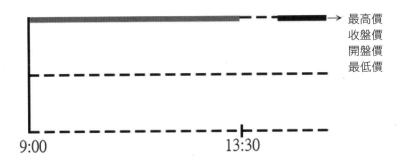

2. 跳空跌停一字線

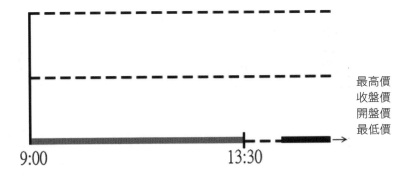

1-3

解析 K 線圖形，
紅黑 K、影線的多空對決

💰 陽線圖形解析

圖形				
俗稱	長紅 k 線	中長紅 K 線	帶長下影的紅 K 線	帶長上影的紅 K 線
意義	最強勢上漲	強勢上漲	多方主導	多方主導，但注意行情可能反轉

💰 陰線圖形解析

圖形				
俗稱	長黑 K 線	中長黑 K 線	帶長下影的黑 K 線	帶長上影的黑 K 線
意義	最強勢下跌	強勢下跌	空方主導	空方主導，但注意行情可能反轉

💰 十字線圖形解析

圖形	▬	⊤	⊥	╅	✝
俗稱	一字線	T 字線	倒 T 字線	十字線（1）	十字線（2）
意義	極強（漲停）或極弱（跌停）	多空勢均力敵，但未來看漲	多空勢均力敵，但未來看跌	股價可能出現反彈	多空攻防，變盤訊號

用 3 種型態長相，
看出明顯的上漲或下跌

K 線的判別不計其數，首先介紹幾個後市上漲、下跌機率高的圖形。

💰 上漲機率高的 3 個模式

1. 十字線，變盤訊號，是行情可能反轉的 K 線

當開盤價與收盤價為同一價位時，K 線圖將形成十字線。這種十字線代表投資人不確定股價未來走勢，同時也被視為變盤訊號。當股價在低價區時，出現十字線代表行情即將反轉向上；如果 K 線出現在高價區時，代表行情即將反轉向下。

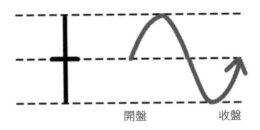

開盤　　　　　　收盤

2. 長紅 K 線，表示強烈的上漲力道，是強勢上漲的 K 線

一般當股票上漲到一個程度後，之前套牢或想停利的投資人都會獲利了結，這時股價可能下跌。但是，當這種長紅 K 線出現時（開盤價到收盤價之間差距 4.5% 以上），代表此時很多投資人都看好這支股票，預期將繼續上漲，就算中途有一些投資人獲利了結，仍有很多人願意承接，被

視為後市上漲機率高的 K 線。如果當股價在低價區或盤整出現這種長紅 K 線突破盤整時，則有可能會帶來強勢上漲。

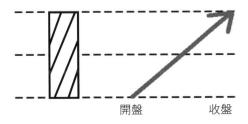

3. 紅 K 帶下影線，先跌後漲，多方力道強，是由下跌轉上漲的 K 線

當一檔股票只有長下影線，代表今天開盤下跌後又上漲，也就是買方的力道強，表示一開始下跌卻能把股價反轉回升。如果這種 K 線出現在低價區，將成為上漲訊號，當股價跌至低點，會有很多套牢的投資人等不及，想將股票出脫，此時部分投資者認為股票跌至相對低點而默默承接，使股價產生長下影線，也就是支撐力道，未來看漲。

但是投資人要注意，就算這種長下影線出現，投資人也有可能來不及賣完所有股票，後市續跌的機率仍然存在。

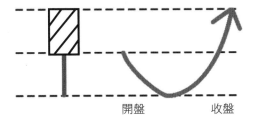

💰 下跌機率高的 3 個模式

投資人不能僅知道上漲機率高的 K 線，有時買得低，但賣得更低，這時最緊要的是看懂股票將要下跌的訊號。以下介紹股價下跌機率高的 3 個模式：

1. 長黑 K 線，表示高速下跌的走勢，是強勢下跌的 K 線

與長紅 K 線相反，當股票有嚴重利空消息出現時，股價一口氣強勢下跌，連上影線都沒有。當這種長黑 K 線出現後，股價後市看跌，但這種 K 線也有可能代表，所有看空的投資人都賣出了手中股票。當恐慌性的行情線圖出現，有時反而會上漲。

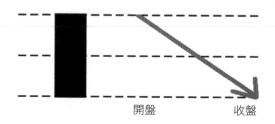

開盤　　　　　　收盤

2. 黑 k 帶長上影線，上升趨勢中的空頭線形，是上漲途中遇賣壓

當開盤後股票上漲，很多投資人認為股價會上漲而紛紛進場，沒想到股價突然急轉直下，這時將會引發賣出股票的恐慌，投資人紛紛賣出股票，造成收盤價跌破開盤價的局勢。當上漲趨勢中，股票突然出現長上影線（上影線為實體線的 3 倍以上）時，也就是俗稱的「流星」，預告著股票將要反轉，投資人應小心。

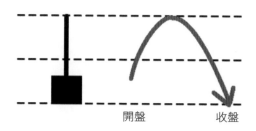

開盤　　　　　　收盤

3. 三天連續大漲，股價漲高後將有獲利了結的疑慮，急漲後將有急跌

在股市中，「三」常被當做一個重要指標，當股票上漲三天，就被視為連續上漲。當一支股票連續三天以上大幅度上漲，獲利的投資人將有獲利了結的心態，接下來如果出現第一根下跌的黑 K 線，投資人多數會有停利的心態，為了保有一定的獲利，此時股價下跌便會更急遽。

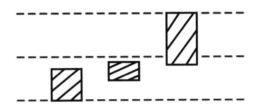

🪙 低價區的下影線，支撐出現，股價反轉而上

● 出現下影線的投資者心理

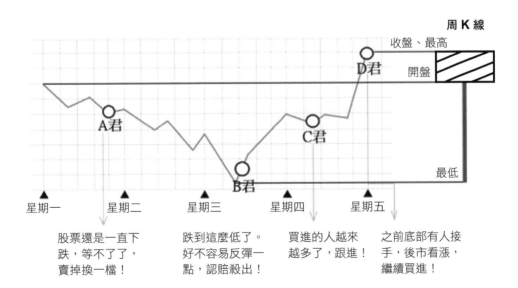

💰 高價區的上影線，賣壓出現，股價反轉而下

● 出現上影線的投資者心理

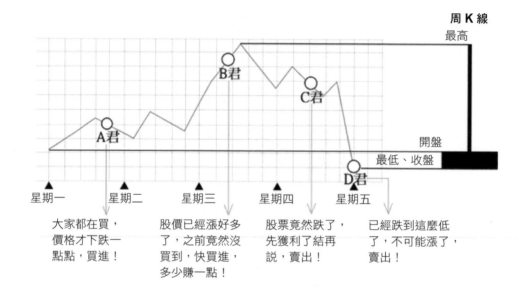

星期一	星期二	星期三	星期四	星期五
大家都在買，價格才下跌一點點，買進！	股價已經漲好多了，之前竟然沒買到，快買進，多少賺一點！	股票竟然跌了，先獲利了結再說，賣出！	已經跌到這麼低了，不可能漲了，賣出！	

獲利最大的敵人是貪婪，
知足常勝，貪即是貧。

1-5

K 線的 6 個反轉訊號，
十字線、紡錘線、流星……

以下介紹幾種重要 K 線的判讀，投資人務必牢記將會反轉的 K 線，就能在股價將要下跌或上漲時嗅出端倪。

💰 高價區出現長黑 K 線是下跌訊號

高價區指股價上漲一段時間後，到達相對高點。

當股票上漲一段時間來到相對的高價區時，出現長黑 K 線，投資人會大量賣出股票以保有大部分的獲利，股價不會只跌一天而會持續下跌。

圖 1-1　高檔長黑 K 線走勢圖

💰 高價區出現長上影線是下跌訊號

當股價上漲來到高價區後，出現長上影線，代表有人趁高價獲利了結，且形成一股賣壓，股市後市看跌。

圖 1-2 ▶ 高檔長上影線走勢圖

💰 低價區出現十字線是上漲訊號，
　　高價區出現十字線是下跌訊號

十字線被視為變盤訊號，通常是投資人無法確定股票走勢，而感到迷惘之際。

「低價區」是股價下跌一段時期後，到達相對低點。

1. 當股票在低價區出現十字線，就代表後市看漲

圖 1-3　低檔十字線走勢圖

2. 當股票在高價區出現十字線，代表後市看跌

圖 1-4　高檔十字線走勢圖

3. 當十字線出現在低價區，代表後市看漲；出現在高價區，代表後市看跌

圖 1-5 ▶ 實戰演練

💰 低價區出現長下影線，視為上漲訊號

當低價區出現帶有長下影線的 K 線時，代表低價有人承接，被視為支撐，後市看漲。

圖 1-6 ▶ 低檔長下影線走勢圖

💲 高、低價區出現的變盤訊號
　　——紡錘線、吊人、流星、 槌子

　　所謂的變盤訊號，表示股票上漲或下跌機率大。變盤訊號出現後，股價朝著原本相反的方向行動，投資人應注意這些 K 線。

▌圖 1-7　高檔紡錘線走勢圖

▌圖 1-8　高檔吊人線走勢圖

圖 1-9 ▶ 高檔流星走勢圖

圖 1-10 ▶ 高檔槌子走勢圖

💰 高檔黑包紅

當高價區出現一根長黑 K 線，且實體部分已經把昨天紅 K 線的漲勢都包住，代表一股很重的賣壓，股票將下跌。

圖 1-11 高檔黑包紅走勢圖

💰 低檔紅包黑

當低價區出現一根長紅 K 線，且實體部分已經把前一天黑 K 線都包住，代表一股很強的買力，股票將上漲。

圖 1-12　低檔紅包黑走勢圖

1-6

看懂支撐與壓力，
等待突破的一瞬間

　　在瞭解壓力和支撐前，投資人要先學會畫出趨勢線，趨勢線猶如藝術，沒有對錯，是憑自己感覺繪畫出的一條線。投資人可以藉由看盤軟體提供的畫線工具，在 K 線圖中畫出自己的壓力和支撐線，而當股價突破壓力線或跌破支撐線時，再畫出新的壓力及支撐線。

　　以下提供五個方法，讓初學者參考如何繪畫壓力線、支撐線：

1. 過去股價的高點與低點。

2. 各天期的移動平均線當作壓力、支撐線。

3. 前一個大波段的大漲、大跌的 1/2、1/3、2/3。

4. 成交量大的價位。

5. 高點連接形成壓力線；低點連接形成支撐線。

上漲壓力線

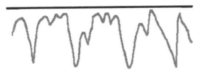

下跌支撐線

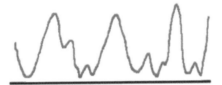

圖 1-13 ▶ 股價突破壓力線後，重新更改壓力線和支撐線

1-7

從上升、盤整或下跌，
找出趨勢的方向

在各個期間，股價猶如波浪上下波動，但主要的趨勢是不變的。在上升趨勢過程中，股價有可能下跌做修正，但此時股價仍是以上漲為主。在下降趨勢中，股價有可能上漲，但此時股價仍是以下跌為主。至於盤整期間，是指股價的趨勢雖然沒有明確方向，但會在一個區間內，整體而言是持平的狀態。

由下圖的波動可知，股價一開始呈現下跌趨勢，再進入盤整，而後再上漲。每支股票會進入不同的趨勢一定有它的原因，投資人應找出上漲、下跌或盤整的理由，以提高自己的投資勝率。

圖 1-14　下跌、盤整、上升走勢圖

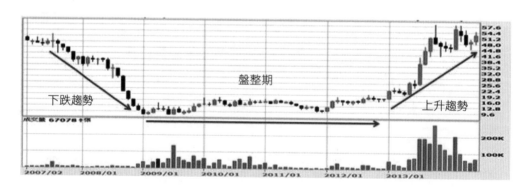

💰 上升走勢，買進！

● 股價上上下下，但上漲為主要方向

　上漲走勢中，怎樣買都賺錢。

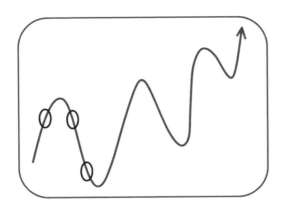

💰 下跌走勢，不要買！

● 股價上上下下，但下跌為主要方向

　下跌走勢中，買股票要賺錢很難。

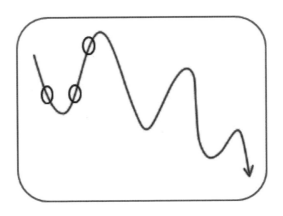

盤整趨勢

● 股價上上下下，但總體來說是持平

上下波動幅度大，可以在下方買進，上方賣出。

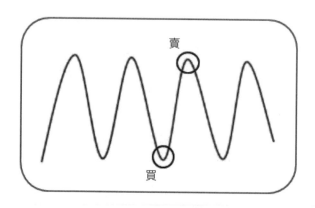

上下波動幅度不大，多空爭鬥，稱為「勢均力敵」。此時，不進出而是觀望。

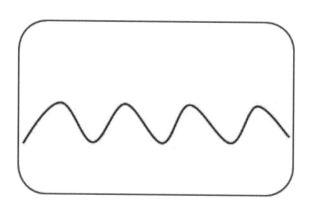

第 **2** 章

外資法人操盤
多空進場的轉捩點

2-1

多方與空方的控盤格局，上升波與下跌波

判別 1：

現撐比前撐高，
現壓比前壓高。

上升波（多方控盤格局）

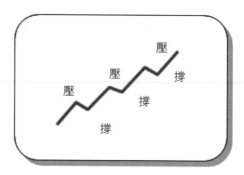

判別 2：

現撐比前撐低，
現壓比前壓低。

下跌波（空方控盤格局）

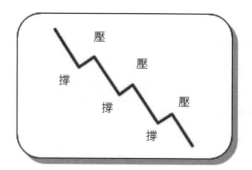

多方的 3 個改變訊號

判別 1：

壓不過前壓，
本波高點無法突破前波高點。

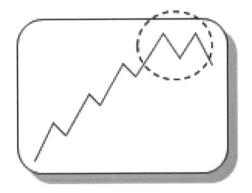

判別 2：

跌破前壓，
雖然高點有過前高，但拉回
跌破前高。

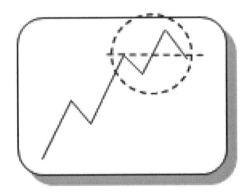

判別 3：

跌破前波撐。

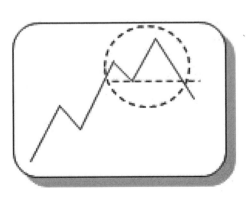

💰 ＜判別 1＞

壓不過前壓，本波高點無法突破前波高點。

圖 2-1　伊利股份走勢圖

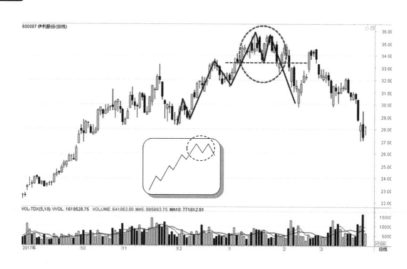

💰 ＜判別 2＞

跌破前壓，雖然高點有過前高，但拉回跌破前高。

圖 2-2　中國神華走勢圖

💰 < 判別 3>

跌破前波撐。

圖 2-3　隆基股份走勢圖

空方的 **3** 個改變訊號

判別 1：

撐不破前撐，

本波低點無法跌破前波低點。

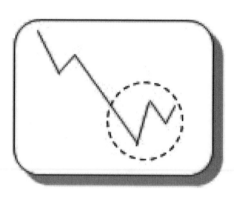

判別 2：

突破前撐，

雖然低點有破前低，但反彈

有突破前低。

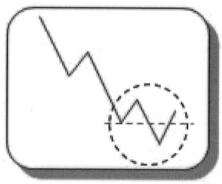

判別 3：

突破前波壓。

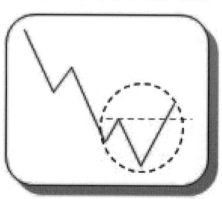

💰 <判別 1>

撐不破前撐。

圖 2-4　中國平安走勢圖

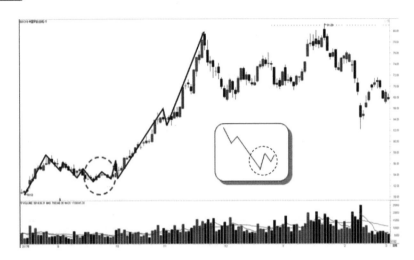

💰 <判別 2>

突破前撐。

圖 2-5　海康威視走勢圖

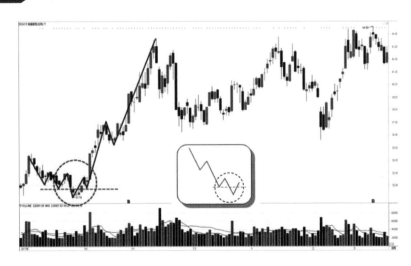

💰 ＜判別 **3**＞

突破前波壓。

图 2-6　五糧液走勢圖

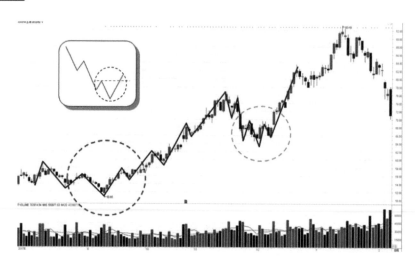

图 2-7　貴州茅臺走勢圖

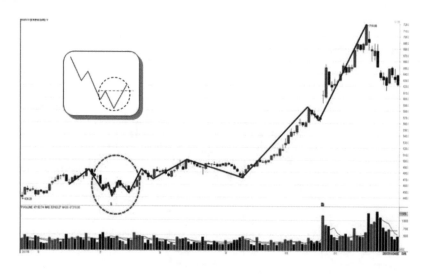

運用基本面找到好的公司，
可以抵擋每次的強風暴雨，
沿著既定的牛市往前走！

從轉折波浪，判斷多空操作方向

空方控盤：一殺比一殺低，一撐比一撐低

< 操作建議 >

- 逢殺盤點附近賣出或作空，空單者以殺盤點那根 K 棒的最高點＋5% 做停損。

  ※ 善設停損，是操作金融商品成為贏家的第一步

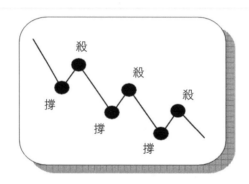

- 一撐比一撐低，當「撐不破撐」形成第二支腳，有兩種可能：

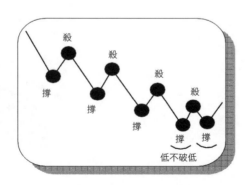

（1）趨勢反轉成的回升

　　第二支腳為成功的撐。

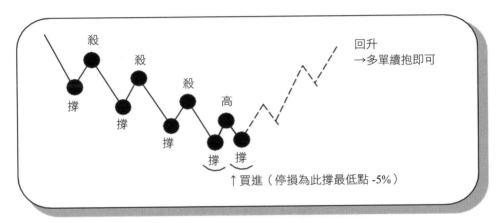

（2）趨勢未反轉的反彈

　　第二支腳為失敗的撐。

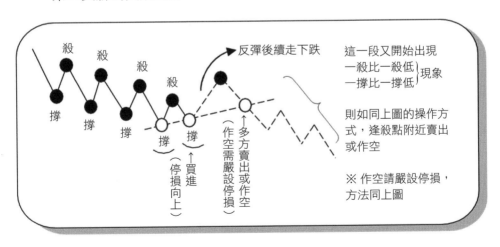

🪙 多方控盤：一撐比一撐高，一壓比一壓高

<操作建議>

● 逢撐點附近買進（空單回補），買進者以撐點那根 K 棒最低點 -5% 做停損。

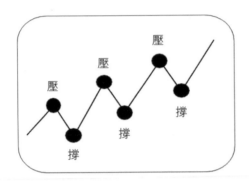

● 一撐比一撐高，但「高不過高」形成第二頭，有兩種可能：

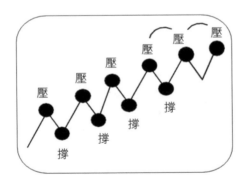

（1）趨勢反轉的頭部

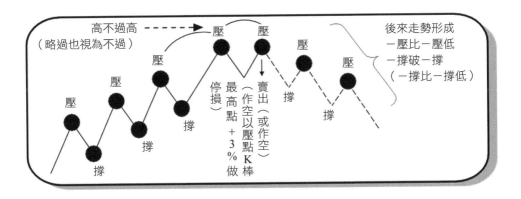

（2）趨勢未反轉的短線拉回（回檔）

這是上漲過程的中途站，休息完後再繼續走多頭。

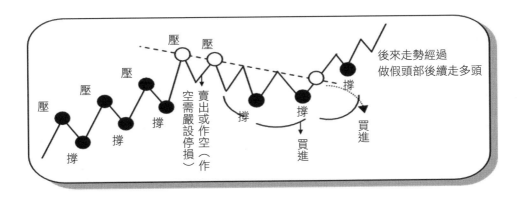

第 3 章

學會 16 種 K 線算價，
能準確抓住買賣點

歷史有不斷重複的習性

　　我們可以透過過去的股價走勢，統計分析歸納出股價型態。當某種價格走勢圖形出現後，多半會得到同樣的結果，在統計後賦予這些圖型解釋，便成為一門名為「型態學」的學問。

　　也許一開始照著這些圖形操作，勝率是 60%，但是隨著市場上的投資人都學過這門學問後，形成一種直覺反應，這種判斷的勝率也隨之提高到 80%。此現象造成我們不得不瞭解這些型態。**其中，型態學有個關鍵假設：預期歷史會重演，若無此前提假設，一切將會成為空談。**

　　型態是由股價走勢變化，配合位階、趨勢來確認走勢。大致可分成三大部分：頭部型態、整理型態及底部型態。在分辨各種型態前，必須先確認現在處在哪個位階，才不會造成將高檔誤判為 W 底而賠錢的分析。而且要切記，型態學的圖形只是一種參考，實務上幾乎不可能一成不變，所以判斷時不可太拘泥於小細節。

💰 頭部型態、整理型態及底部型態，常見下列 16 種

雙重頂	圓形頭	對稱三角形
雙重底	碟形底	上升三角形
頭肩頂	倒 V 形頂	下降三角形
頭肩底	V 形底	箱形整理
三重頂	N 字理論	
三重底	倒 N 字理論	

3-1

雙重頂M頭型態，賣出時機

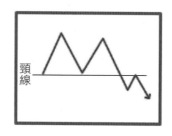

① 雙重頂又稱 M 頭，是技術分析中 K 線反轉型態之一。

② 當雙重頂型態形成，最佳的投資策略就是及時停損停利出場。

③ 雙重頂是由兩個較相近的高點構成，形狀像英文字母 M。

④ 雙重頂的型態就像兩座山頭相連，股價在上升過程至第一座山頭時，成交量出現明顯量增現象，當股價開始回檔，下跌至某一價位時，又再度反彈向上，準備攻往第二座山頭，這時的成交量通常比前次高峰成交量略縮。

⑤ 當股價反彈至第二座山頭附近，就會再次下跌，並且跌破前一次股價回落的低點。

⑥ 雙重頂一般常在股價大幅上漲後出現，當上漲的幅度越大，後市下跌的幅度就越深。

⑦ 頸線位置在第一座山頭回檔至最低價位處，也是支撐點，畫一條水平線即為頸線。

⑧ 當股價由第二座山頭下跌，並且跌破頸線後，通常會出現反彈走勢，此時反彈力道不足，頸線位置成為阻力點。

圖 3-1 雙重頂 M 頭賣出型態——跌破頸線

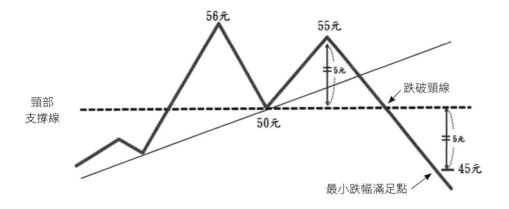

< 算價心法 >

1. 左肩高於右肩，股價於 $56 時出現第一次高點，**但方向不明，暫時觀望。**

2. 第二次高點股價漲至 $55，但低於第一次高點 $56，**出現潛在雙重頂型態。**

3. 股價跌破頸線，此時可預估「最小跌幅滿足點」，計算右頂至頸部支撐線的垂直距離（55-50=5），此垂直距離會等於以頸線起算後可預估下跌最小幅度，即最少會跌到 50（頸線）-5（垂直距離）=$45。

最小跌幅 = 右頂 - 頸線
= $55 - $50 = $5
最小跌幅滿足點 = 頸線 - 最小跌幅
= $50 - $5 = $45

圖 3-2　雙重頂 M 頭賣出型態——短線反彈賣點

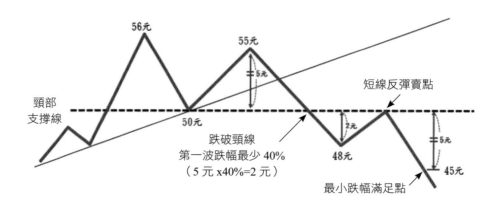

<算價心法>

　　當股價跌破頸部支撐線（$50），可估計第一波跌幅至少 40%，等於最小跌幅 ×40%（$5×40%=$2），即自頸線（$50）起算第一波最少下跌幅度為 $2，股價最少達到 $48，若跌至第一波最小下跌幅度後，短線反彈至頸線即為賣點。

> 當股價跌破頸線，可估計第一波跌幅至少 40%
> =（右頂 - 頸線）×40%
> =（$55 - $50）×40% = $2
> 短線反彈至頸線（$50）即賣點。

圖 3-3　實戰演練：雙重頂 M 頭賣出型態——跳破頸線（海康威視）

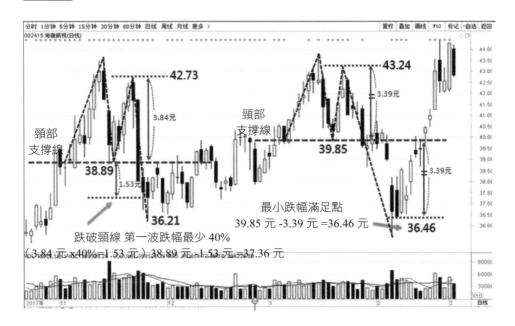

圖 3-4　實戰演練：雙重頂 M 頭賣出型態——短線反彈賣點（東阿阿膠）

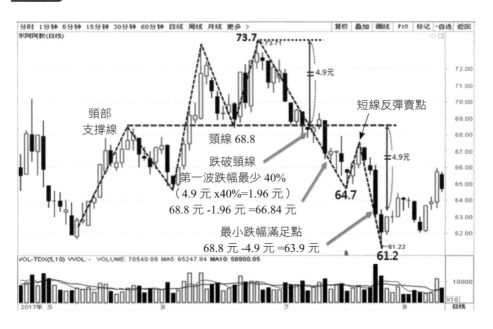

雙重底W底型態，買進時機

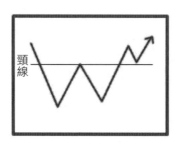

① 雙重底又稱 W 底，是技術分析中 K 線底部型態之一。

② 雙重底是由兩個較相近的低點構成，形狀像英文字母 W。

③ W 底的型態就像兩座山谷底相連，當股價下跌至某一價位時，出現技術性反彈，但隨即再度下跌，但是股價跌至第一座谷底位置時，因獲得支撐，而再一次反彈向上形成第二座谷底，這時的成交量通常比前次谷底成交量略增。

④ W 底從兩個谷底中間的高點處畫一條水平線，即為頸線。

⑤ W 底的成交量通常在兩個低點會呈現量縮。

⑥ 當股價成功突破頸線壓力點時，成交量放大，為第一個買進點。

圖 3-5 ▶ 雙重底 W 底型態——跌破頸線

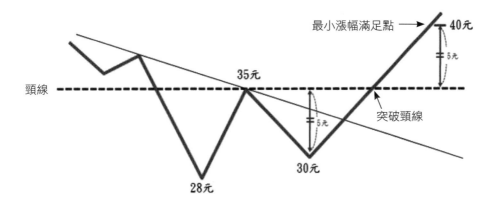

< 算價心法 >

1. 左底低於右底，股價於 $28 時出現第一次低點，但方向不明，暫時觀望。

2. 第二次低點股價來到 $30，高於第一次低點 $28，出現潛在雙重底型態。

3. 股價突破頸線，此時可預估「最小漲幅滿足點」，計算右底至頸線的垂直距離（35-30=5），此垂直距離會等於以頸線起算後可預估上漲最小幅度，即最少會漲到 35（頸線）+5（垂直距離）=$40。

> 最小漲幅 = 頸線 - 右底
> = $35 - $30 = $5
> 最小漲幅滿足點 = 頸線 + 最小漲幅
> = $35 + $5 = $40

圖 3-6 雙重底 W 底買進型態——短線拉回買點

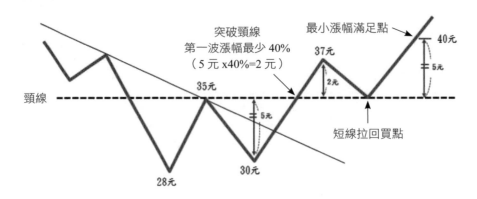

＜算價心法＞

　　當股價突破頸部（$35），可估計第一波漲幅至少 40%，等於最小漲幅 ×40%（$5×40%=$2），即自頸線（$35）起算第一波最少上漲幅度為 $2，股價最少達到 $37，若漲到第一波最小上漲幅度後，短線拉回至頸線即為買點。

> 當股價突破頸線，可估計第一波漲幅至少 40%
> ＝（頸線 - 右底）×40%
> ＝（$35 - $30）×40% = $2
> 短線拉回至頸線（$35）即買點。

圖 3-7　實戰演練：雙重底 W 底型態——突破頸部（同仁堂）

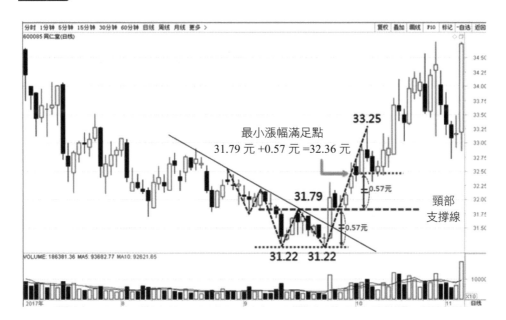

圖 3-8　實戰演練：雙重底 W 底型態——短線反彈賣點（瀘州老窖）

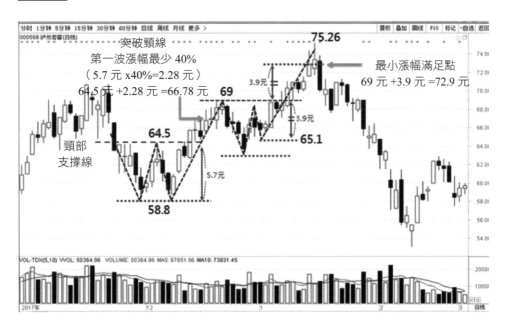

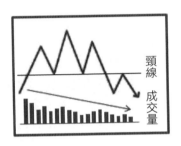

3-3

頭肩頂型態，高檔區看跌

① 頭肩頂是技術分析中最常見的下跌型態之一。

② 頭肩頂是在股市上漲行情接近尾聲時的看跌型態。

③ 如同「山」字的型態，由一個頭部兩個肩所組成，發生在股價高檔區。
　 上漲三次，卻無法再創新高，成交量減少，最後跌破頸線。

④ 左肩：股票價格到達一高點後，就下跌至低點後反彈。

⑤ 頭部：股價高於左肩來到近期新高點後下跌，且跌破上升趨勢線。

⑥ 右肩：第三次反彈力道不足，無法超越頭部高點，且明顯量縮。

⑦ 跌破頸線後，偶有反彈至頸線位置，若下跌趨勢明確，此波為逃命波。

⑧ 頭部到頸線的距離將會成為下跌的滿足點。

⑨ 頭肩頂的型態必須與成交量配合。左肩形成時成交量最大，次為頭部、
　 右肩。

⑩ 頭肩頂型態的二個折返點，畫一條水平線即為頸線，頸線是重要支撐
　 線。

圖 3-9　頭肩頂型態——跌破頸線

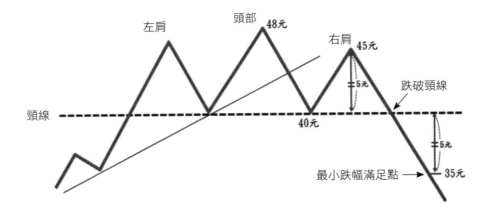

<算價心法>

1. 頭部高於左肩，股價於 $48 時出現第二次高點，**但方向不明，暫時觀望。**

2. 第三次高點股價漲至 $45，但低於第二次高點 $48，**出現頭肩頂型態。**

3. 股價跌破**頸線**，此時可預估「**最小跌幅滿足點**」，計算右肩至頸線的垂直距離（45-40=5），此垂直距離會等於以頸線起算後可預估下跌最小幅度，即最少會跌到 40（頸線）-5（垂直距離）=$35。

最小跌幅 = 右肩 - 頸線
= $45 - $40 = $5
最小跌幅滿足點 = 頸線 - 最小跌幅
= $40 - $5 = $35

圖 3-10　頭肩頂型態——短線反彈賣點

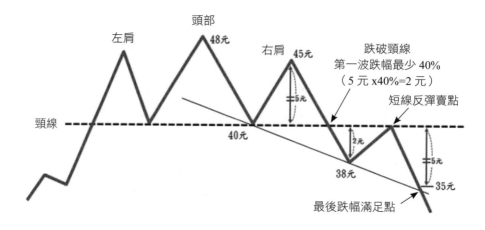

＜算價心法＞

當股價跌破頸線（$40），可估計第一波跌幅至少 40%，等於**最小跌幅 ×40%**（$5×40%=$2），即自頸線（$40）起算第一波最少下跌幅度為 $2，股價最少跌到 $38，若跌到第一波最少下跌幅度後，短線反彈至頸線即為賣點。

當股價跌破頸線，可估計第一波跌幅至少 40%
=（右肩 - 頸線）×40%
=（$45 - $40）×40% = $2
短線反彈至頸線（$40）即賣點。

圖 3-11 實戰演練：頭肩頂型態——跌破頸線（信立泰）

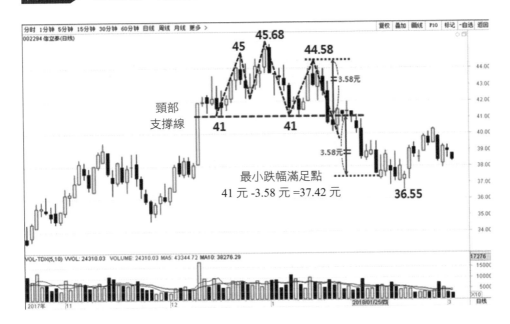

圖 3-12 實戰演練：頭肩頂型態——短線反彈賣點（複星醫藥）

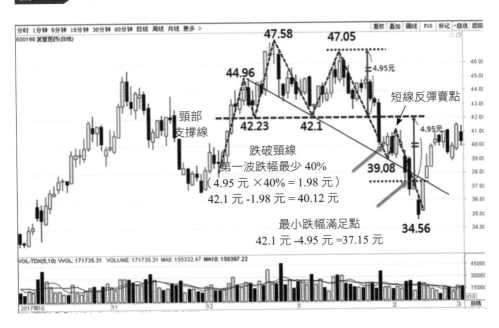

3-4

頭肩底型態，低檔區反轉

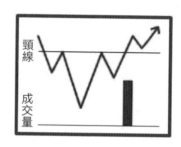

① 頭肩底通常發生在股價波段的低檔區，是重要的反轉型態。

② 股價下跌三次後，卻沒有持續跌破，最好搭配成交量作為跌勢的反轉依據。

③ 型態是由一個頭、兩個肩所組成，但頭部的位置會低於兩肩。

④ 左肩：股票下跌到達一低點後就上漲，至一高點後又下跌。

⑤ 頭部：跌到近期最低點後反彈，且漲幅超越前次下跌段的低點。

⑥ 右肩：第三次股價下跌有限，至左肩水平處即止跌上漲，且上漲時明顯有量。

⑦ 頭肩頂型態將左肩高點和右肩高點，畫一條水平線即為頸線。

⑧ 突破頸線時，一定要帶量才算確認型態，有時突破後會回測到頸線再上漲。

圖 3-13　頭肩底型態——跌破頸線

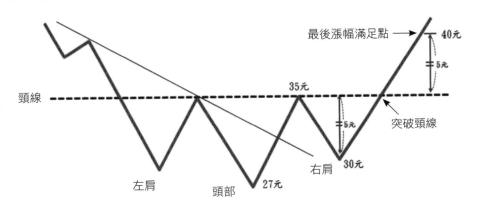

<算價心法>

1. 頭部低於左肩，股價於 $27 時出現第二次低點，**但方向不明，暫時觀望。**

2. 第三次低點股價來到 $30，高於第一次低點 $27，**出現頭肩底型態。**

3. 股價突破頸線，此時可預估「最後漲幅滿足點」，計算右肩至頸線的垂直距離（35-30=5），此垂直距離會等於以頸線起算後可預估最後上漲幅度，即最後會漲到 35（頸線）+5（垂直距離）=$40。

最後漲幅 = 頸線 - 右肩
= $35 - $30 = $5
最後漲幅滿足點 = 頸線 + 最後漲幅
= $35 + $5 = $40

圖 3-14 頭肩底型態——短線拉回買點

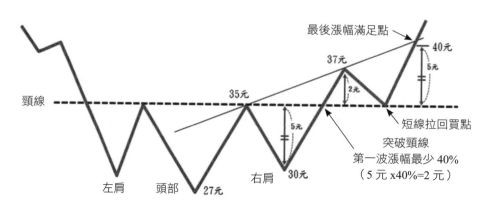

＜算價心法＞

當股價突破頸部（$35），可估計第一波漲幅至少 40%，等於**最後漲幅×40%**（$5×40%=$2），即自頸線（$35）起算第一波最少上漲幅度為 $2，股價最少達到 $37。若漲到第一波最少上漲幅度後，短線拉回至頸線即為買點！

當股價突破頸線，可估計第一波漲幅至少 40%
＝（頸線 - 右肩）×40%
＝（$35 - $30）×40% = $2
短線拉回至頸線（$35）即買點。

圖 3-15　實戰演練：頭肩底型態——跌破頸線（國泰君安）

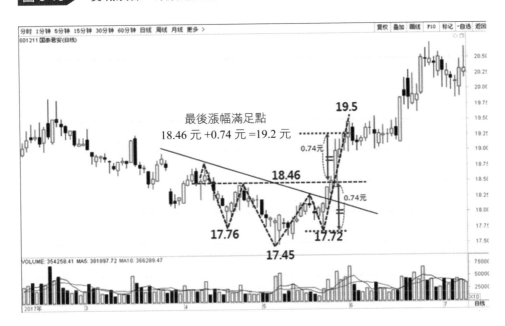

圖 3-16　實戰演練：頭肩底型態——短線拉回買點（紫光股份）

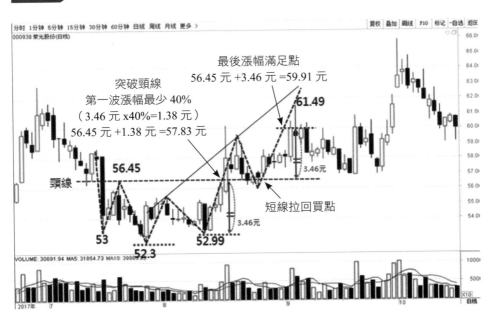

3-5

三重頂型態，上漲時遇到阻力

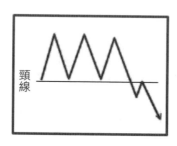

① 三重頂又稱三尊頭，為雙重頂的衍生。

② 三重頂是在股市上漲行情時，明顯遇到阻力的轉折訊號。

③ 當股價上漲形成兩波後，緊接又一波上漲到前兩波高點時，股價無力上漲甚至很快下跌灌破頸線，因三重頂形成時間較長，套牢資金相對也較多。

④ 當跌破頸線後可能會反彈，如無法再突破頸線，此波也僅是反彈波。必須注意的是，若第三波沒跌破頸線位置，將會形成箱型整理。

⑤ 三重頂與箱型整理相似，都是在一個區間內上下整理。

⑥ 三重頂型態將左頭底點與右頭底點連接，畫出一條水平線即為頸線。

圖 3-17　三重頂型態──跌破頸線

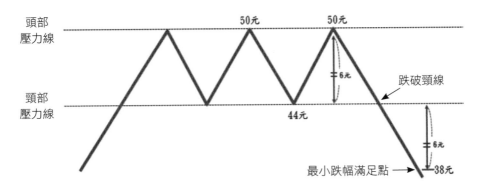

＜算價心法＞

1. 股價於 $50 時出現第一次高點，出現頭部壓力線，**但方向不明，暫時觀望。**

2. 股價後來出現兩次高點，但均未突破頭部壓力線，出現**三重頂型態。**

3. 股價跌破頸線，此時可預估「最小跌幅滿足點」，計算右頂至頸線的垂直距離（50-44=6），此垂直距離會等於以頸線起算後可預估下跌最小幅度，即最少會跌到 44（頸線）-6（垂直距離）=$38。

> 最小跌幅 = 右頂 - 頸線
> = $50 - $44 = $6
> 最小跌幅滿足點 = 頸線 - 最小跌幅
> = $44 - $6 = $38

圖 3-18 三重頂型態——短線反彈賣點

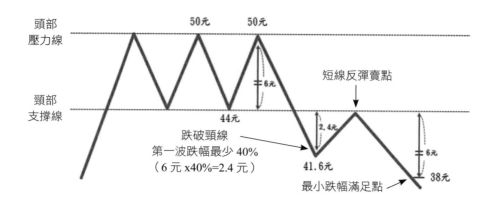

< 算價心法 >

當股價跌破頸部支撐線（$44），可估計第一波跌幅至少 40%，等於**最小跌幅 ×40%**（$6×40%=$2.4），即自頸線（$44）起算第一波最少下跌幅度為 $2.4，股價最少跌到 $41.6。若跌到第一波最少下跌幅度後，短線反彈至頸線即為賣點。

當股價跌破頸線，可估計第一波跌幅至少 40%
=（右頂 - 頸線）×40%
=（$50 - $44）×40% = $2.4
短線反彈至頸線（$44）即賣點。

圖 3-19 實戰演練：三重頂型態──跌破頸線（中興通訊）

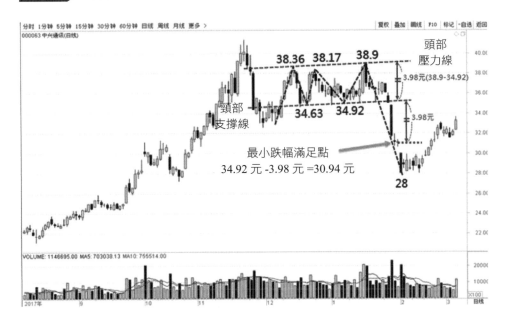

圖 3-20 實戰演練：三重頂型態──短線反彈賣點（老闆電器）

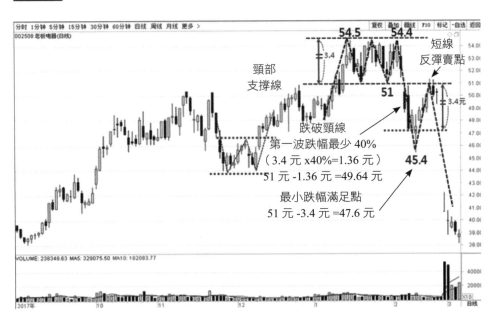

3-6

三重底型態，堅實的底部支撐

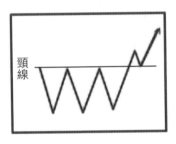

① 三重底可以視為雙重底的衍生，是底部型態之一。

② 三個波底部到頸線的距離大致會相同。

③ 三重底因有堅實的底部支撐，形成時間較長，相對支撐也會愈強，一旦有利多消息，帶量上攻力度更強，斜度也更為陡峭。

④ 當兩波形成後，又有一波下跌至前兩波低點附近支撐，再度形成一個支撐線。

⑤ 三重底在三次上攻時，量能要呈現逐步放大的態勢，否則會形成反彈的格局。

⑥ 三重底的頸線突破後，若股價回測至頸線時，通常被視為絕佳的買進點。

⑦ 左波頂點與右波頂點連接，畫一條水平線即為頸線。

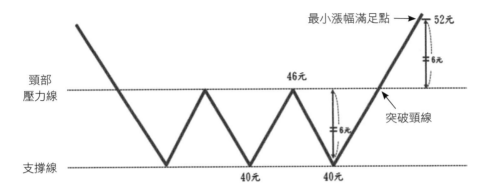

圖 3-21 三重頂型態——突破頸線

<算價心法>

1. 股價於 \$40 時出現第一次低點，未跌破支撐線，**但方向不明，暫時觀望**。

2. 股價後來連續出現兩次低點，但均未跌破支撐線，出現**三重底型態**。

3. 股價突破兩頂所構成的壓力線，此時可預估「最小漲幅滿足點」，計算右底至頸線的垂直距離（46-40=6），此垂直距離會等於以頸線起算後可預估上漲最小幅度，即最少會漲到 46（頸線）+6（垂直距離）=\$52。

最小漲幅 ＝ 頸線 - 右底
＝ \$46 - \$40 ＝ \$6
最小漲幅滿足點 ＝ 頸線 ＋ 最小漲幅
＝ \$46 + \$6 ＝ \$52

圖 3-22 　三重底型態──短線拉回買點

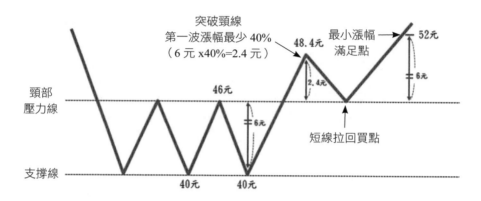

＜算價心法＞

　　當股價突破頸部壓力線（$46），可估計第一波漲幅至少 40%，等於**最小漲幅 ×40%**（$6×40%=$2.4），即自頸部壓力線（$46）起算第一波最少上漲幅度為 $2.4，股價最少達到 $48.4。若漲到第一波最少上漲幅度後，短線拉回至頸線即為買點。

> 當股價突破頸線，可估計第一波漲幅至少 40%
> ＝（頸線 – 右底 ）×40%
> ＝（$46 - $40）×40% = $2.4
> 短線拉回至頸線（$46）即買點。

圖 3-23 　實戰演練：三重底型態——跌破頸線（老闆電器）

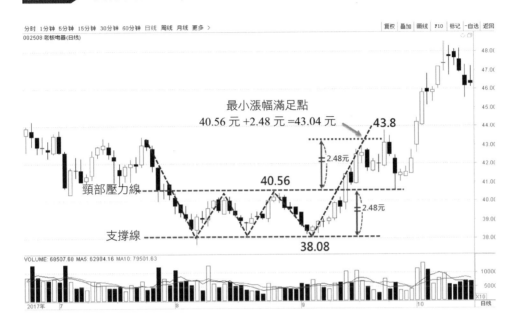

圖 3-24 　實戰演練：三重底型態——短線拉回買點（貴州茅臺）

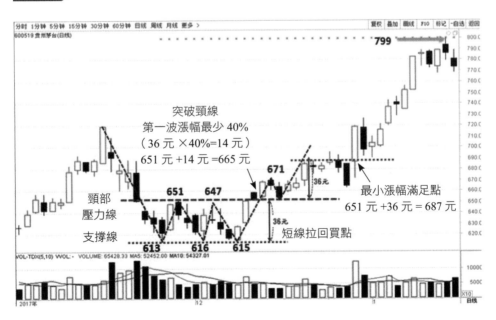

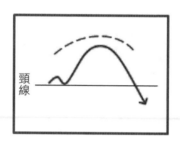

① 圓形頭又稱圓形頂或稱碟形頂，是反轉型態之一。

② 圓形頭型態是股價經過一段多頭行情後，漲勢逐漸減緩，每次反彈，股價都距離前一高價不遠，造成一個類似倒蓋碗公的形狀。

③ 觀察成交量的變化會發現，到了圓形的頂點後，成交量開始明顯萎縮。

④ 圓形頭一旦形成後，大多數會因為盤勢久盤而跌破支撐，最後形成下跌趨勢。

⑤ 圓形頭形成後可能會有一段橫盤期，此時不表示下跌趨勢的減緩，投資人不可心存僥幸，因為後期持續下跌的可能性極大。

⑥ 在圓形頭形成的過程到完全形成後，股價都有機會賣出，跌破頸線位置時是賣出的最佳時機。

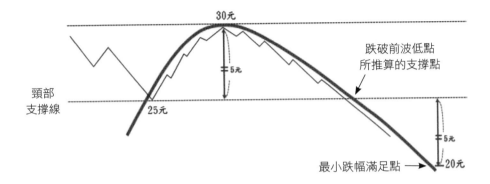

圖 3-25　圓形頭型態——跌破前波低點

＜算價心法＞

1. 股價呈弧形上升，但每個高點漲不了多少就回擋，先是新高點較前點高，後是回升點略低於前點，這樣把高點連接起來，就形成**圓形頭型態**。

2. 當股價跌破「前波低點所推算的支撐點」，此時可預估「最小跌幅滿足點」。

計算頭部至頸線的垂直距離（30-25=5），此垂直距離會等於以頸線起算後可預估下跌最小幅度，即最少會跌到 25（頸線）-5（垂直距離）=$20。

> 最小跌幅 = 頭部 - 頸線
> = $30 - $25 = $5
> 最小跌幅滿足點 = 頸線 - 最小跌幅
> = $25 - $5 = $20

圖 3-26　圓形頭型態——短線反彈賣點

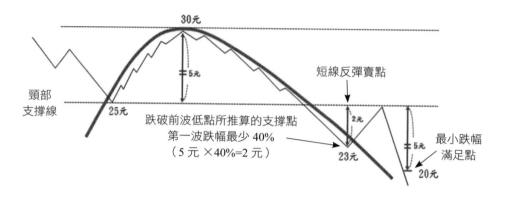

＜算價心法＞

　　當股價跌破前波低點所推算的支撐點（$25），可估計第一波跌幅至少 40%，等於**最小跌幅 ×40%**（$5×40% = $2），即自頸線（$25）起算第一波最少下跌幅度為 $2，股價最少跌到 $23。若跌到第一波最小下跌幅度後，短線反彈至頸線即為賣點。

> 當股價跌破「前波低點所推算的支撐點」，可估計第一波跌幅至少 40%
> ＝（頭部 - 頸線）×40%
> ＝（$30 - $25）×40% = $2
> 短線反彈至頸線（$25）即賣點。

圖 3-27 實戰演練：圓形頭型態——跌破前波低點（中國寶安）

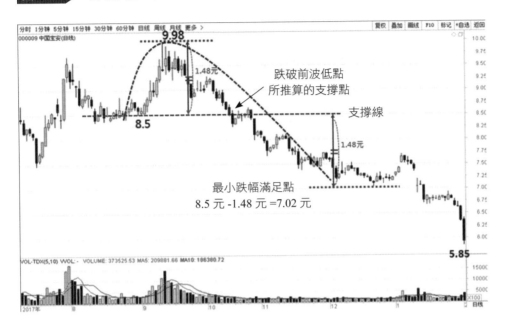

圖 3-28 實戰演練：圓形頭型態——短線反彈賣點（北方國際）

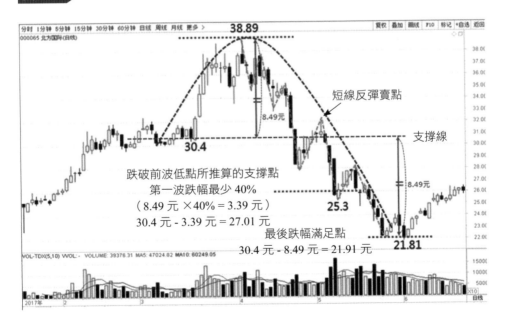

碟形底型態，
買方藉機長期買入

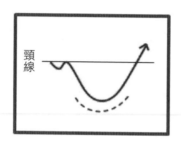

① 碟形底又稱圓形底或碗形底，為底部反轉型態之一。

② 碟形底形成主因是股價經過大幅下跌後，進入長時間的整理期，此時成交量萎縮，幾乎呈現窒息量狀態。

③ 在底部股價波動小，即使成交量增加也無法形成攻擊量，多空雙方沒有明顯動作，多數的投資人採取觀望態度，買方借機長期買入。

④ 盤整至尾聲時，可以觀察成交量會隨著股價慢慢遞增。

⑤ 當賣方力道逐漸被消化後，成交量逐漸增加直到突破頸線，量能繼續放大，投資人蜂擁進場，上漲力道更為強勁，獲利空間以倍數成長。

⑥ 碟形底右端成交量最好明顯大於左邊。

圖 3-29　碟形底型態——突破前波高點

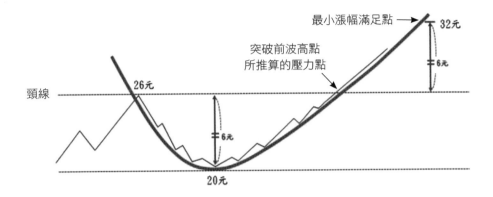

< 算價心法 >

1. 股價呈現弧形下降，每次跌幅有限，但新低點都較前次低，而後每次新高點都較前次高，就形成**碟形底型態**。

2. 當股價突破「前波高點所推算的壓力點」，此時可預估「最小漲幅滿足點」。計算頸線至底部的垂直距離（26-20=6），此垂直距離會等於以頸線起算後可預估上漲最小幅度，即最少會漲到 26（頸線）+6（垂直距離）= \$32。

最小漲幅 = 頸線 - 底部
= \$26 - \$20 = \$6
最小漲幅滿足點 = 頸線 + 最小漲幅
= \$26 + \$6 = \$32

圖 3-30 碟形底型態——短線拉回買點

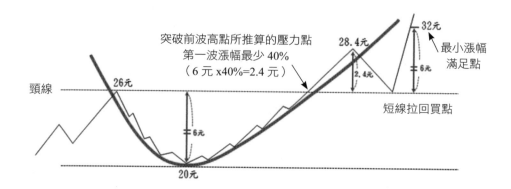

突破前波高點所推算的壓力點
第一波漲幅最少 40%
（6 元 x40%=2.4 元）

28.4元

32元

最小漲幅
滿足點

2.4元

6元

頸線

26元

短線拉回買點

6元

20元

＜算價心法＞

當股價突破前波高點所推算的壓力點（$26），可估計第一波漲幅至少 40%，等於**最小漲幅 ×40%**，（$6×40%=$2.4），即自頸線（$26）起算第一波最少上漲幅度為 $2.4，股價最少達到 $28.4。若漲到第一波最少上漲幅度後，短線拉回至頸線即為買點。

當股價突破「前波高點所推算的壓力點」可估計第一波漲幅至少 40%
＝（頸線－底部）×40%
＝（$26 - $20）×40% = $2.4
短線拉回至頸線（$26）即買點。

圖 3-31　實戰演練：碟形底型態——突破前波高點（青島啤酒）

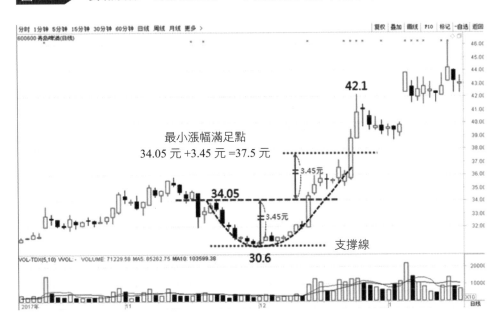

圖 3-32　實戰演練：碟形底型態——短線拉回買點（雲南白藥）

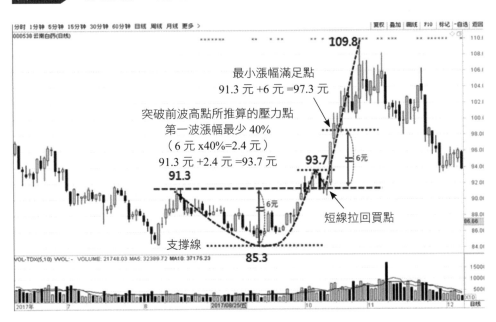

倒 V 形頂型態，
頭部區域的急漲急跌

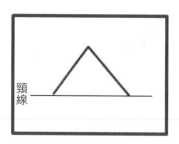

① 倒 V 形頂又稱尖頂，是常見且重要的頂部反轉型態。

② 倒 V 頂是一個長期趨勢的反轉技術型態，也可以是中期市場的反轉技術型態。

③ 出現在市場高檔時，表示已到達相對高點，隨後急轉為下跌趨勢。

④ 倒 V 形頂只有一個明顯的頭部區域，頭部最高價由 1 根或 2 根 K 線所組成。

⑤ 倒 V 為急漲急跌類型，股價急遽拉高後，峰迴路轉突然把價格打回頸線位置。

⑥ 當股價下跌到頸線位置後，通常會出現一段反彈或盤整行情，投資人要特別留意，如果股價此時無法站穩頸線上方，必須堅決賣出股票。

圖 3-33　倒 V 形頂型態──跌破上漲前波的支撐點

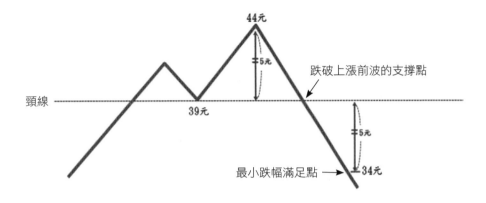

< 算價心法 >

1. 股價先一路上漲，隨後一路下跌，頭部為尖頂，在圖形上像是倒著的英文字母 V，**出現倒 V 形頂型態。**

2. 股價跌破上漲前波的支撐點，此時可預估「最小跌幅滿足點」，計算頭部至頸線的垂直距離（44-39=5），此垂直距離會等於以頸線起算後可預估下跌最小幅度，即最少會跌到 39（頸線）-5（垂直距離）=$34。

最小跌幅 = 頭部 - 頸線

= $44 - $39 = $5

最小跌幅滿足點 = 頸線 - 最小跌幅

= $39 - $5 = $34

圖 3-34　倒 V 形頂型態——短線反彈賣點

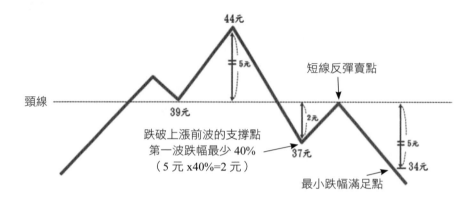

< 算價心法 >

當股價跌破上漲前波的支撐點（$39），可估計第一波跌幅至少40%，等於**最小跌幅 ×40%**（$5×40%=$2），即自頸線（$39）起算第一波最少下跌幅度為 $2，股價最少跌到 $37。若跌到第一波最少下跌幅度後，短線反彈至頸線即為賣點。

當股價跌破上漲前波的支撐點，可估計第一波跌幅至少 40%
=（頭部 - 頸線）×40%
=（$44 - $39）×40% = $2
短線反彈至頸線（$39）即賣點。

圖 3-35　實戰演練：倒 V 形頂型態──跌破上漲前波的支撐點（東阿阿膠）

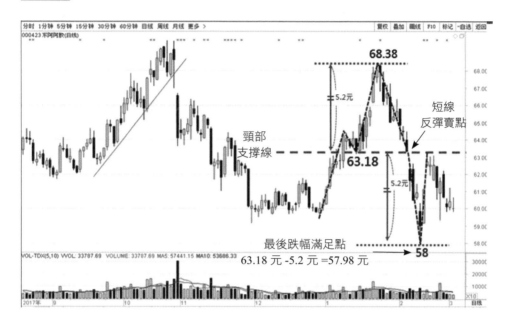

圖 3-36　實戰演練：倒 V 形頂型態──短線反彈賣點（安琪酵母）

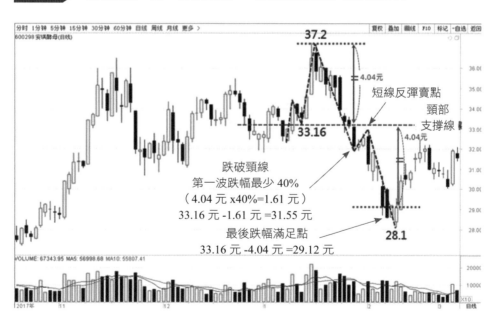

V形底型態，
急跌急漲難以預測

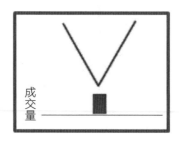

① V形底又稱尖底，類似大寫英文字母「V」，為強而有力的反轉型態。

② V形底形成有三個階段：

- 下跌階段：V形的左側跌勢快且陡，並且會持續一段短時間。

- 轉捩點：V形的底部非常窄且尖，形成這個轉捩點的時間只有 2~3 個交易日，而且成交量明顯增多。

- 上升階段：股價從底部上升，成交量也隨著增加。

③ V形底屬急跌急漲、難以預測的型態，轉勢力道強烈，在最低點出現反轉訊號（十字線、下影線支撐）後快速上漲，但型態尚未形成前，讓人不易判斷，往往型態形成大漲一段區間後，投資人才意識到錯過最佳買進時間，所以鮮少投資人能買在最低點。

④ V形底最佳買入點為底部附近，次佳點為上升趨勢中的支撐點位。

圖 3-37　V 形底型態──突破下殺前波的壓力點

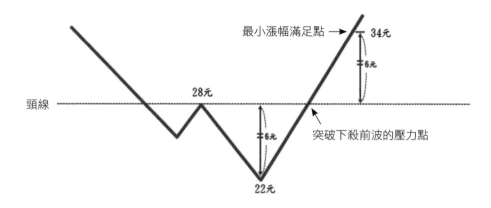

最小漲幅滿足點 → 34元

6元

28元

頸線

6元

突破下殺前波的壓力點

22元

＜算價心法＞

1. 股價持續下挫，跌破頸線，**出現 V 形底型態**。

2. 股價突破「下殺前波的壓力點」，此時可預估「最小漲幅滿足點」，計算頸線至底部的垂直距離（28-22=6），此垂直距離會等於以頸線起算後可預估上漲最小幅度，即最少會漲到 28（頸線）+6（垂直距離）=$34。

最小漲幅 = 頸線 - 底部
= $28 - $22 = $6
最小漲幅滿足點 = 頸線 + 最小漲幅
= $28 + $6 = $34

圖 3-38　V 形底型態——短線拉回買點

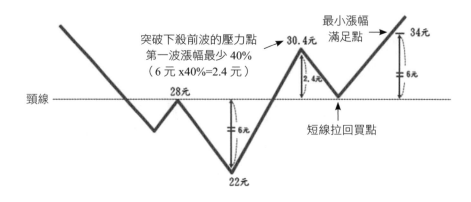

＜算價心法＞

　　當股價突破下殺前波的壓力點（$28），可估計第一波漲幅至少40%，等於**最小漲幅 ×40%**（6×40%=$2.4），即自頸線（$28）起算第一波最少上漲幅度為 $2.4，股價最少達到 $30.4，上漲後短線拉回至頸線即為買點。

> 當股價突破下殺前波的壓力點，可估計第一波漲幅至少 40%
> ＝（頸線 – 底部）×40%
> ＝（$28 - $22）×40% = $2.4
> 短線拉回至頸線（$28）即買點。

圖 3-39 ▶ 實戰演練：V 形底型態——突破下殺前波的壓力點（老闆電器）

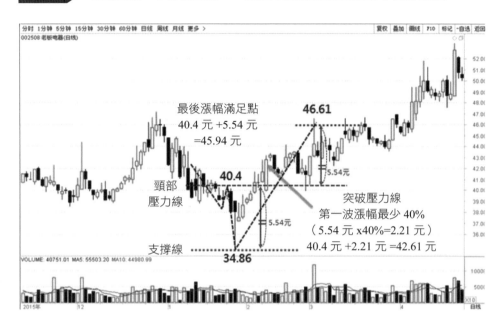

圖 3-40 ▶ 實戰演練：V 形底型態——短線拉回買點（恒生電子）

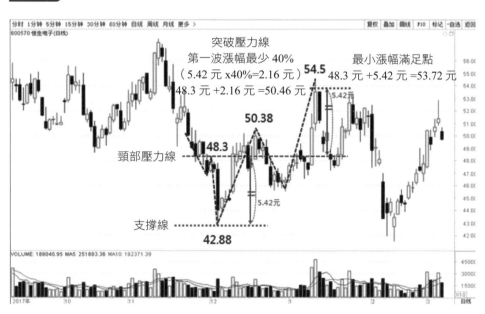

3-11

N 字理論型態，
多方上漲的突破

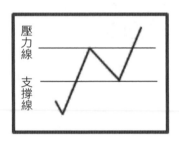

① N 字理論技術線形像英文字母 N，為突破型態之一。

② 多方上漲的突破型態，一般稱為正 N 字。

③ N 字走勢就是股價在第一波向上拉升後，進行回檔洗盤，此時必須是量縮且不破前次低點，之後會再進行第二波拉升。

④ 股價進行第二波上漲幅度，至少會等於第一波上漲幅度。

⑤ 第一波拉升後回檔不破前低時，由於 N 字型態尚未確立，必須在第二上升波中突破第一波高點時再買入。

⑥ N 字走勢買點是相對安全的，一旦形成一定要買在關鍵的第一支 K 棒。

圖 3-41　N 字理論型態

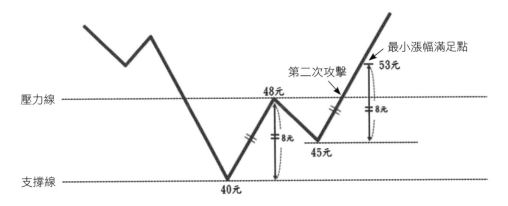

< 算價心法 >

1. 股價未跌破支撐線 $40，也未突破壓力線 $48，**但方向不明，暫時觀望**。

2. 第二次低點股價來到 $45，高於第一次低點 $40，為「第二次攻擊」。

3. 計算支撐至壓力線的垂直距離（48-40=8），此垂直距離會等於第二次低點起算後可預估上漲最小幅度，即最少會漲到 45+8（垂直距離）=$53。

最小漲幅 = 壓力線 - 支撐線
= $48 - $40 = $8
最小漲幅滿足點 = 第二次低點 + 最小漲幅
= $45 + $8 = $53

圖 3-42　　實戰演練：N 字理論（萬華化學）

投資股票切記～不必天天進場，
而是等待良好的機會點進場
才是穩賺不賠的法則！

倒 N 字理論型態，
空頭攻擊訊號

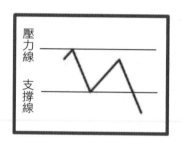

① 倒 N 字理論與 N 字理論相反，為空頭攻擊訊號。

② 倒 N 字走勢就是股價上升至高點後快速下跌，當股價止跌再次上升時，並未過前次高點，多方無力造成股價第二波下跌，且下跌時會毫不猶豫的直接跌破前次低點。

③ 當股價從第二波高點下跌，跌破第一波低點時，投資人應盡速賣出手中持股。

圖 3-43　倒 N 字理論型態

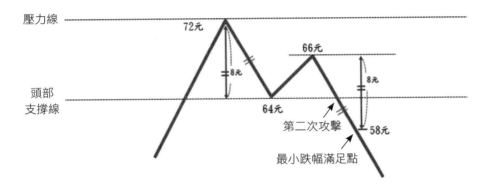

< 算價心法 >

1. 股價第一次高點為 $72，**但方向不明，暫時觀望。**

2. 第二次高點股價上漲至 $66，但是低於第一次高點 $72，**出現倒 N 字走勢。**

3. 股價跌破支撐線，為第二次攻擊，此時可預估「最小跌幅滿足點」。計算支撐線至壓力線的垂直距離（72-64=8），此垂直距離會等於起算後可預估下跌最小幅度，即最少會跌到 66-8（垂直距離）=$58。

> 最小跌幅 = 壓力線 - 支撐線
>
> = $72 - $64 = $8
>
> 最小跌幅滿足點 = 第二次高點 - 最小跌幅
>
> = $66 - $8 = $58

圖 3-44　實戰演練：倒 N 字理論（恒瑞醫藥）

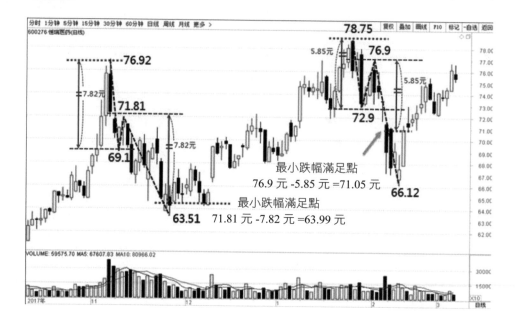

基本面選股，技術面切入。
這個口訣天天念、時時念，
選到好股票也要懂得何時買進賣出，
不是每一個好股票都可以亂買亂抱！

對稱三角形型態，
漲跌幅縮小的整理

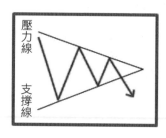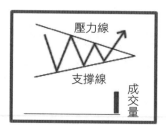

① 對稱三角形屬於整理型態。

② 整理型態就是股價漲跌幅逐漸縮小，股價開始進行整理，待整理結束後，會朝著既有的方向繼續前進，這時需要搭配成交量來解讀。

③ 股價會在一條向下的壓力線與一條向上的支撐線之區域內，上下窄幅震盪，最後突破壓力或支撐，成為多方或空方走勢。

④ 正三角形整理期間，處於不明朗狀態，多空雙方未能做出方向決策，因此投資人不宜貿然進場。

⑤ 當整理期過後，若帶量突破且站穩壓力線之上，是最佳買進點。

⑥ 反之，當整理期過後，跌破支撐線便是短期的賣出訊號。

圖 3-45 對稱三角形型態──跌破三角形上升支撐線

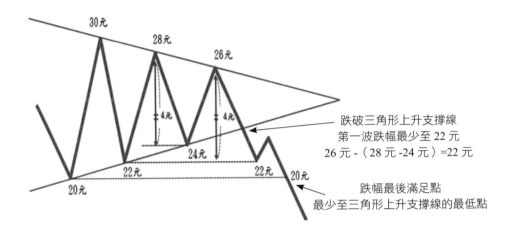

＜算價心法＞

1. 股價未突破三角形上升支撐線，以及未跌破三角形下跌壓力線，此時股價停頓在此處進行整理，出現「**整理型態亦為對稱三角形**」。

2. 股價跌破「三角形上升支撐線」，此時可預估「第一波最小跌幅」。計算下跌壓力線至上升支撐線的垂直距離（28-24=4），此垂直距離可以下降壓力線起算後預估下跌最小幅度，即最少會跌到 26（下降壓力線）-4（垂直距離）=$22。跌幅最後滿足點最少至三角形上升支撐線的最低點（$20）。

最小跌幅 = 下跌壓力線 - 上升支撐線

= $28 - $24 = $4

第一波最小跌幅 = 下降壓力線 - 最小跌幅

= $26 - $4 = $22

跌幅最後滿足點最少為三角形上升支撐線最低點（$20）

圖 3-46　對稱三角形型態──突破三角形下跌壓力線

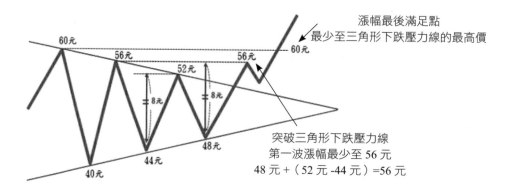

<算價心法>

1. 股價在三角形上升支撐線及三角形下跌壓力線進行整理，出現「**整理型態亦為對稱三角形**」。

2. 股價突破「三角形下降壓力線」，此時可預估「第一波最小漲幅」。計算下跌壓力線至上升支撐線的垂直距離（52-44=8），此垂直距離可以上升支撐線起算後預估上漲最小幅度，即最少會漲到 48（上升支撐線）+8（垂直距離）=$56。漲幅最後滿足點最少至三角形下跌壓力線的最高價（$60）。

最小漲幅 = 下跌壓力線 - 上升支撐線

= $52- $44 = $8

第一波最小漲幅 = 下降壓力線 + 最小跌幅

= $48 + $8 = $56

漲幅最後滿足點最少至三角形下跌壓力線的最高價（$60）

圖 3-47 實戰演練：對稱三角形型態——跌破三角形上升支撐線（中國中車）

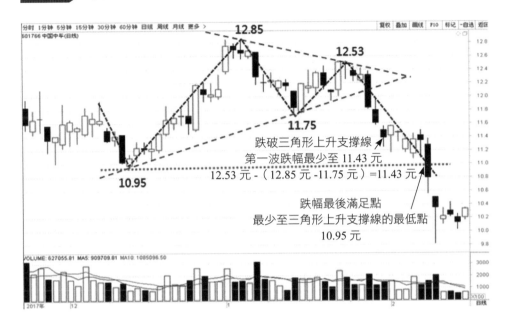

圖 3-48 實戰演練：對稱三角形型態——突破三角形下跌壓力線（長江電力）

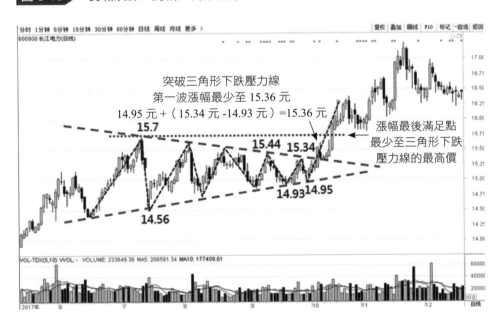

上升三角形型態，
多方趨勢的整理

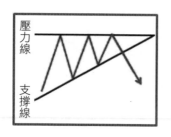 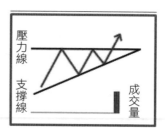

① 上升三角形是三角形型態的一種，屬於多方趨勢的整理型態。

② 型態是由兩條趨勢線組成，一條是水平壓力線，另一條則是向上支撐線。

③ 股價在觸碰水平壓力線時，遇壓力會回跌至支撐線，但股價低點卻逐漸上移，形成支撐線向上傾斜，兩條趨勢線日漸縮窄。

④ 當股價低點越來越高，而高點卻略為相同價位時，價格波動的幅度從左至右逐漸縮減，多空雙方的防線逐步貼近，直至多空價位交會，形成帶量突破。

⑤ 必須注意上升三角形在突破水平壓力線時，形成買入訊息，但向上突破必須配合較大的成交量。如果無法突破壓力線時，仍要慎防跌破支撐線的反轉現象。

⑥ 上升三角形有二個買點：一是突破水平壓力線時的最佳買點；另一個則是在突破水平壓力線後，回測不破線時買進。

圖 3-49　上升三角形型態

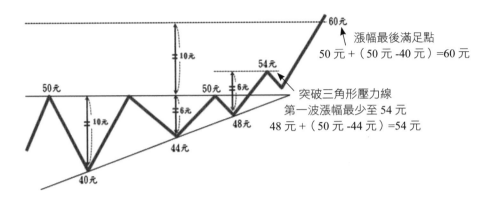

＜算價心法＞

1. 股價在水平壓力線及上升支撐線之間進行整理，出現**上升三角形**。

2. 股價突破水平壓力線，此時可預估「第一波最小漲幅」，即計算水平壓力線與前波上升支撐線的垂直距離（50-44=6）。自上升壓力線 $48 起算第一波股價可漲到 $54。

3. 可預估「漲幅最後滿足點」，計算上升支撐線至水平壓力線的垂直距離（50-40=10），此垂直距離會等於以水平壓力線起算後可預估上漲最小幅度，即最少會漲到 50（水平壓力線）+10（最小幅度）=$60。

第一波最小漲幅 = 水平壓力線 - 前波上升支撐線
= $50 - $44 = $6
漲幅最後滿足點 = 水平壓力線 + 第一波的波幅
= $50 + $10 = $60

圖 3-50 ▶ 實戰演練：上升三角形（中國交建）

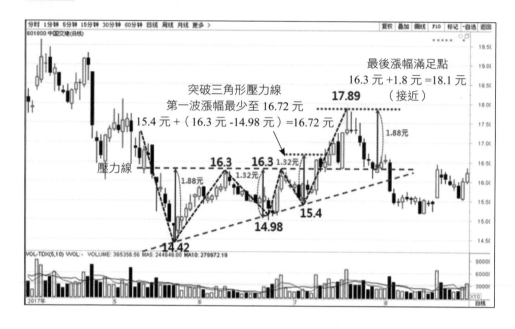

買賣有憑有據，就不容易追高殺低！
保命才可以續命！
在股市長長久久賣向獲利！

3-15

下降三角形型態，
空方趨勢的整理

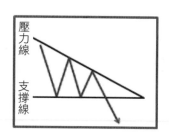
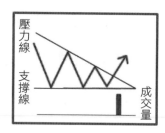

① 下降三角形是三角形型態的一種，屬於空方趨勢的整理型態。

② 此型態是由兩條趨勢線組成，一條是水平支撐線，另一條則是向下壓力線。

③ 股價在觸碰水平支撐線時獲得支撐而反彈至壓力線，但股價高點卻逐漸下移，形成壓力線向下傾斜，兩條趨勢線日漸縮窄。

④ 當股價高點越來越低，而低點卻大致在相同價位時，價格波動的幅度從左至右逐漸縮減，多空雙方的防線逐步貼近，直至多空價位交會，形成帶量向下突破走勢。

⑤ 當下降三角形跌破支撐線時為賣出時機，而另一個賣點則是跌破支撐線後，通常會有一段反彈走勢至壓力線（即原支撐線），此時是最後賣出時機。

⑥ 下降三角形無論整理或向下突破，皆不需要有成交量配合，但是，突破壓力線時，必須有大量成交量的配合，此時行情會出現空方趨勢反轉的現象。

圖 3-51 下降三角形型態

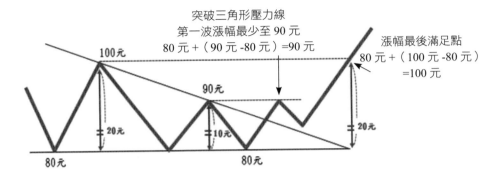

<算價心法>

1. 股價在水平支撐線及下跌壓力線之間進行整理,出現**下跌三角**。

2. 股價突破下跌壓力線,此時可預估「第一波最小漲幅」,即計算前波下跌壓力線至水平支撐線的垂直距離(90-80=10)。自水平支撐線 $80 起算第一波上漲最小幅度股價,可漲到 $90($80+$10)。

3. 可預估「漲幅最後滿足點」,計算下跌支撐線至水平壓力線的垂直距離(100-80=$20),即自水平支撐線起算預估最少會漲到 $100。

第一波最小漲幅 = 前波下降壓力線 - 水平支撐線 = $90 - $80 = $10
漲幅最後滿足點 = 水平支撐線 + 第一波的波幅
= $80 + $20 = $100

圖 3-52　實戰演練：下跌三角形型態（中國太保）

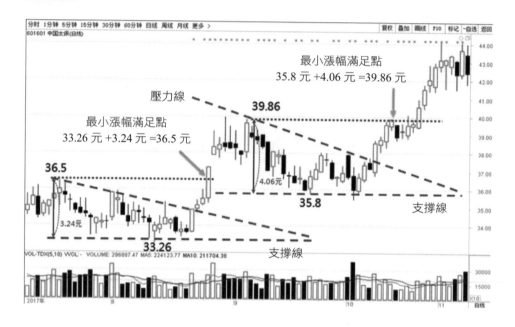

在股市中不想被三振出局
就不要追高殺低！

3-16

箱形整理型態，
盤整越久，突破後行情越大

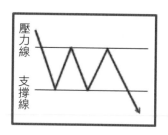
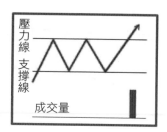

① 箱形型態是股價在一定的區間內，上下波動持續一段期間，如同在箱子內運行。

② 當股價下跌至箱底時，會受到買盤力道而得到支撐；股價上升到箱頂時，會受到賣盤力道的壓力。

③ 股價在上升過程中，會出現連續性向上移動，如同一個個箱子往右上方堆疊。

④ 反之，股價在下跌過程中，會出現連續性向下移動，如同一個個箱子往右下方堆疊。

⑤ 上升的壓力線與下方支撐線為平行型態，當股價突破壓力線時，必須伴隨著大的成交量。

⑥ 股價上下振盪的次數越多，表示市場的浮額洗得越乾淨，但是當股價振盪至尾聲時，成交量必須跟著萎縮。

⑦ 箱形整理盤整期越久，預期未來突破後的行情越大。

圖 3-53　箱型整理型態

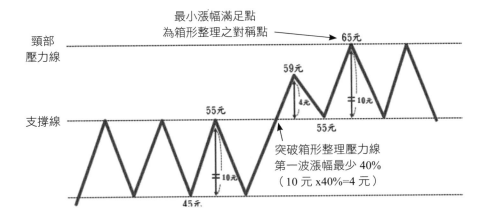

< 算價心法 >

1. 股價在壓力線及支撐線之間進行整理，出現**箱形整理**。

2. 股價突破「箱形整理壓力線」，此時可預估「第一波最小漲幅」。估計第一波漲幅至少 40%，等於**最小漲幅×40%**，即壓力線與頸線之間的垂直距離幅度 ×40%（$10×40%=$4），也就是自壓力線（$55）起算第一波最少上漲幅度為 $4，股價最少達到 $59。也可預估「最小漲幅滿足點」，即最少會漲到 55（水平壓力線）+10（最小幅度）=$65，此時最小漲幅滿足點又為箱形整理的對稱點。

第一波漲幅至少 40%
=（壓力線－支撐線）×40%
=（$55 - $45）×40% = $4
最小漲幅滿足點＝壓力線＋最小漲幅
= $55 + $10 = $65

圖 3-54　實戰演練：箱形整理（恒瑞醫藥）

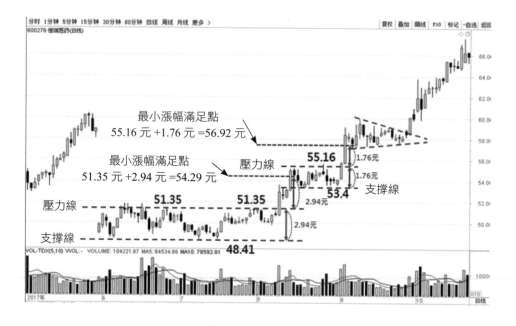

第 4 章

計算量價關係，
看清資金動向
與避開風險

4-1

成交量是資金動向的指標

「量先價行」是極為重要觀念，投資大眾總愛追著股價奔跑，但造就股價波動的卻是量能，價漲前要先有量，成交量的存在就是推動價格的力量。

舉例來說，股票市價 100 元，現在漲到 120 元，持股人獲利了結，將股票賣出。沒想到該股太熱門了，又漲到 150 元，賣在 120 元的持股人又把股票買回。當大家看好這檔股票而蜂擁買入，再轉手獲利了結，並且循環不斷時，推動價格上漲的就是量能。

相反地，如果投資人買在 100 元，股價卻出乎意料地跌到 80 元，投資者覺得沒有機會漲回，便將股票出脫賣掉。持有這檔股票的人頻頻賣出，缺乏購買力，因此成交量低迷，股價無法上漲。

熱門股、白馬股、冷門股 各有何特徵？

　　由成交量的多寡，可察覺出大眾股民對個股的關注程度。依成交量的大小，股票可以分成三種屬性：熱門股、白馬股、冷門股。

1. 熱門股→成交量大，流通性強

　　公司產業具題材性，股票流通性高，買賣較為容易，但須加以注意的是，不見得熱門股就有良好的基本面，諸多因素皆能解釋個股流通熱絡、成交量增加的原因，如：透過新聞、媒體炒作話題；主力大量收購或出脫。

2. 白馬股→早期成交量小，後期成交量穩定

　　績優的公司具有資金、信譽、營運等多方優勢，對整體經濟的轉變，適應能力強且較能承受突發狀況。然而，若是成交量大，價格波動幅度卻窄小，建議先做觀望。

3. 冷門股→成交量稀少

　　冷門股不受市場投資者青睞，或大股東持股比例過於集中，導致流動性偏低。但萬物皆會變化，此類型的個股不會永遠處於冷門，因此我們不可忽視冷門股。雖然平時成交量乏人問津，但若企業開發新契機，必會水漲船高。

由分價量圖發現套牢區，
避開地雷

　　分價量圖是在價格帶加上橫向成交量，改變成交量線型擺放的繪圖分析方式。成交量大的地帶表示當時買賣行情熱絡，當股價上漲到價格帶時可能會有下跌的巨大壓力存在。若股價下跌到密集成交量區，這些累計的成交量將成為止跌支撐區。一般看盤軟體可以將成交量切換為分價量圖，清晰顯示出套牢區在何種價格上。

圖 4-1 ▶ 實戰演練：由分價量圖看出套牢區

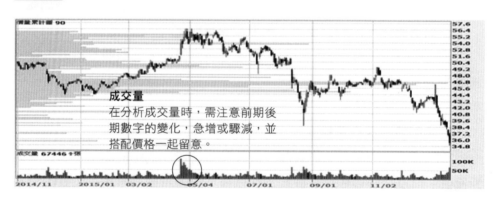

💰 價急漲、量急增，是地雷

　　股票在上漲途中突然爆量急漲，切記留心！雖然成交量被視為價格上漲的動力，但股價急漲、量迅速增加，也意味買方賣方的觀點大相徑庭。當市場看法兩極時得多加小心，因為此局面常是主力出貨的最佳良機。

圖 4-2　實戰演練：突然爆量急漲走勢圖

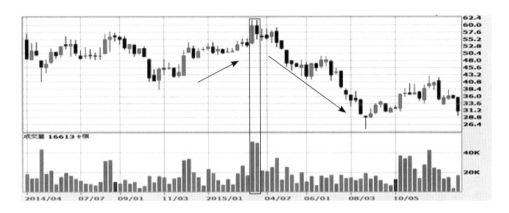

💰 股價下跌、量少，可考慮買進

　　當某一支股票傳來負面消息，必定會造成投資人一陣恐慌，開始大量脫手持股。當價格下跌，量能萎縮時，可以考慮逢低買進，因為這時可以大膽斷定恐慌的散戶已賣出手中持股，籌碼洗乾淨的機率大增，剩餘的持股者則是看好這支股票或是大股東之類的投資人，因此後市看漲。

圖 4-3　實戰演練：價跌量縮走勢圖

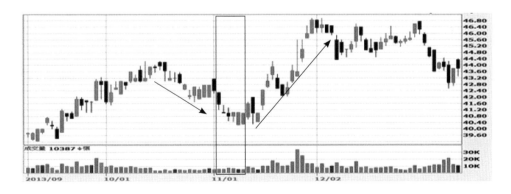

股市的先知先覺者、
追逐者及後知後覺者

在操作實務上，依不同的進場時點，投資者大致分成三種類型：市場先知先覺者、市場追逐者及市場後知後覺者。

類型	投資特色	成交量特色
市場先知先覺者	投資者擅長發掘大眾尚未關注到的股票，起跑於鳴槍前，在行情尚未發動前，早已默默低價收購。	通常成交量處於低迷狀態。
市場追逐者	投資者順勢操作買賣股票，購買點位不是市場最低處，但在趨勢波段處通常也能賺上一波。	交易活絡，成交量逐漸放大。
市場後知後覺者	投資者看到報章雜誌常播報某類型的股票，若股價已上漲一段期間，只要回跌小波段，就容易產生貪小便宜心態而進場。但往往買在價格最高處，而後股價開始下跌，成為高價承接的受害者。	不再具吸引力，股價位於高峰開始下跌，成交量漸少。

圖4-4　實戰演練：股市操作類型

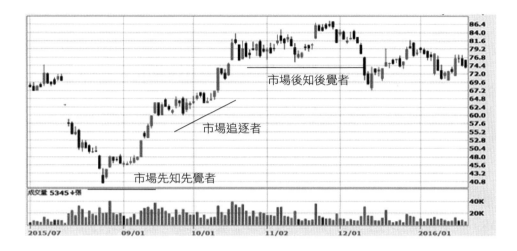

4-5

透視價量的 8 種訊號，
抓住進出場機會

　　以經濟學的角度，所有東西的價量都是由供需雙方決定。在股市中，量是價格的先行指針，且不同的價量關係組合會影響股價漲跌。在觀察時，一定要注意現在 K 線位階在波段頭部還是底部，這是影響進出場點的重要因素之一。本書在此把價量分成 8 種關係進行說明。

　　請切記，趨勢不可能一成不變、順著理論步步前進，可能跳過數個階段，也可能處於某階段時期較久或較短暫，行情因時而異。投資者必須提高敏銳度，將價量關係靈活運用。

- 價量訊號 1：價穩量減，是警戒訊號
- 價量訊號 2：價跌量縮，是賣出訊號
- 價量訊號 3：價跌且交易量進入低水準，可以加碼賣出
- 價量訊號 4：低檔價跌量增，要觀望
- 價量訊號 5：價穩量增，是轉陽訊號
- 價量訊號 6：價量齊揚，是買進訊號
- 價量訊號 7：價升量穩，可以加碼買進
- 價量訊號 8：價升量縮，宜觀望

圖 4-5　價量八陣圖

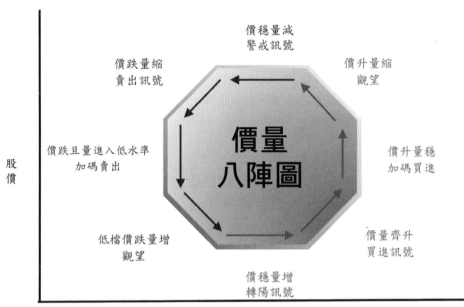

價穩量減
警戒訊號

價升量縮
觀望

價跌量縮
賣出訊號

價量
八陣圖

價跌且量進入低水準
加碼賣出

價升量穩
加碼買進

股
價

低檔價跌量增
觀望

價量齊升
買進訊號

價穩量增
轉陽訊號

成交量

價量關係 1

　　發生在股票的末升段、進入盤整期時，末升段頭部已悄然形成。此時要隨時注意，量減代表吸引力不如以往，反轉向下機率提高。

圖 4-6　價量訊號——價穩量減，警戒訊號

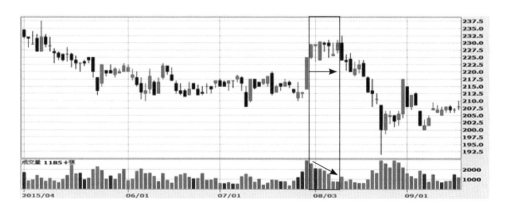

💰 價量關係 2

　　跌勢初期價格下跌，成交量萎縮，正是賣出訊號。這時市場上的先知先覺者可能早早出脫手中持股，如果價量同時縮減的幅度大致相同，請千萬小心！這次下跌幅度可能深不見底。

圖 4-7　　價量訊號──價跌量縮，賣出訊號

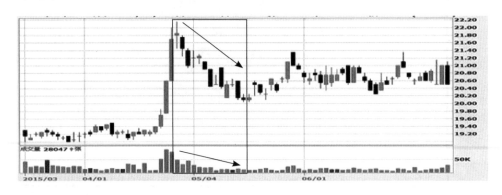

💰 價量關係 3

　　跌勢過程中，股價下跌且成交量進入低水位，假若後期局勢尚未改變，後市續跌機率增大，建議加碼賣出。

圖 4-8　　價量訊號──價跌且交易量進入低水平，加碼賣出

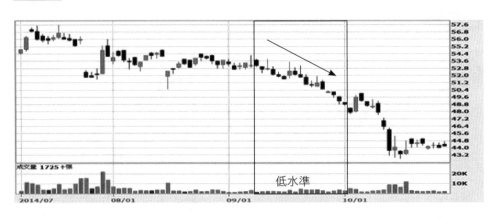

💰 價量關係 4

當波段低檔遇到價跌量增，宜觀望。市場先知先覺者進場買進，以致交易量逐漸攀升，盤勢築底，股價上漲機率大增。須加以留意的是，如果是在初跌段或主跌段發生，跌勢很有可能繼續探底。

▶ 圖 4-9　價量訊號──低檔價跌量增，觀望

💰 價量關係 5

價穩量增出現在初升段或主升段，代表已經有作手開始承接，後市看漲。如果發生在末升段，請多加注意，因為量大卻不見股價上揚，盤整反轉可能性大幅提升。

▶ 圖 4-10　價量訊號──價穩量增，轉陽訊號

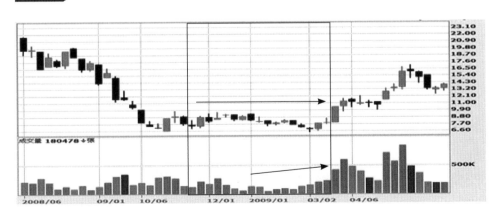

💰 價量關係 6

　　低檔量價齊揚，代表漲勢已成，投資人樂意追價，是買進訊號。如果在已上漲一段時期後出現大量，可能是主力抬價出貨，需多加觀察。

圖 4-11　價量訊號──價量齊揚，買進訊號

💰 價量關係 7

　　當價格上升，成交量平穩，常會持續上漲一波行情，是加碼買進的時機。但要注意，這也代表主力沒有同步進場，可能好景不長。若價升量穩的大漲情況在一大段的後期出現，則更需要小心，因為這是頭部徵兆。

圖 4-12　價量訊號──價升量穩，加碼買進

💰 價量關係 8

　　股價上升，成交量卻萎縮，代表吸引力不再，宜觀望。若發生在初升段，代表人氣衰弱，難以上漲。若發生在末升段，人氣更為銳減，代表多方勢力已盡，即將下跌。

圖 4-13 　價量訊號──價升量縮，宜觀望

💰 價量背離是警訊

　　成交量原則上是價量同方向變化，但有時股價和成交量呈反向變動，稱為價量背離。價量背離代表市場存在不合理現象，是走勢反轉的重要關鍵。

　　如果在出現巨量三天內，股價遲遲未創新高，代表多方力道不足；反之，若在出現新低量三天內，新低價仍未跌破，股價繼續下跌的機率有限。

圖 4-14　實戰演練：價量背離，走勢反轉的重要關鍵

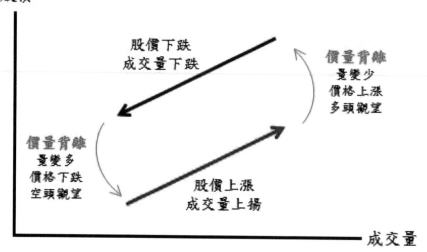

< 余博士叮嚀 >

- 價量關係是由供需決定
- 價量同步意味著走勢可能持續
- 價量不同步（背離）通常意味著走勢反轉

💰 成交量，顯示活躍程度

　　成交量多寡代表市場熱絡程度，搭配當時的大盤趨勢，會有不同判斷標準。由下圖可以發現，當上漲走勢中的末升段出現大量後，股價開始走跌，可能是作手或大戶正在出貨，而下跌走勢的末升段呈現大量，代表大戶悄然進場接貨，後市看漲蓄勢待發。價量關係都有脈絡可循，務必審思各種因素，並加以揣測。

圖 4-15　實戰演練──下跌和上漲走勢的末升段，成交量皆呈現大量

4-6

用一個公式，
作為判斷「帶量」的標準

💰 突破下降趨勢線時：

在技術分析上，只要提到「突破」的情況時，成交量放大就成為最基本的要求，也就是說，帶量的突破才是有效的突破，突破時成交量未放大，則可能產生假突破的情況。多大的量才叫做「帶量」？

💰 用一個算量公式來作為判斷的標準：

（A）用在大盤的情況：突破下降趨勢線當天的成交量，是否比前三天的平均成交量放大四分之一以上？

（B）用在個股的情況：突破下降趨勢線當天的成交量，是否比前三天的平均成交量放大一倍以上？

假設突破下降趨勢線當天的成交量為 T，前三天的平均成交量為 M，那麼公式可以寫成：

（A）$T >= M \times 1.25$

（B）$T >= M \times 2$

圖 4-16　實戰演練：價量關係（ 海天味業 ）

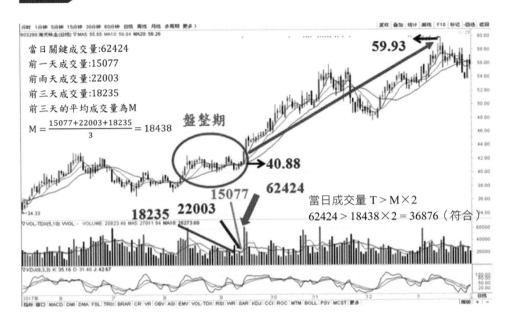

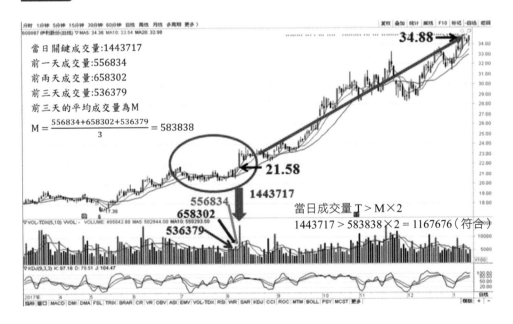

圖 4-17　實戰演練：價量關係（ 伊利股份 ）

三天內單日出現「補量成功」

在股價向上突破下降趨勢線時，成交量必須符合上述的公式要求，這是最基本的要求。但是，如果每一次的突破都非要出現這種完美配合，我們才進場，就可能會錯失一些真正會飆的股票，因為有些股票在突破上升趨勢線時，當天的成交量並不一定會放大到上述的標準。

因此，如果當天的成交量無法符合這些標準，我們設定三天的「觀察期」，如果三天之內單日出現要求的成交量，就是「補量成功」，持股可以續抱；反之，就是補量失敗，也就是「假突破」，此時持股無論賺賠，可考慮先行出脫，以防上升的量能不足而產生暴跌。

第 5 章

打出降龍 18 式，
讓投資更容易獲利翻倍

專精多種操作招式，提升獲利率

　　股票有「歷史重複」的特質，雖然並非每次如出一轍，但是當一種型態不停出現時，我們可以利用先前的型態來加以揣摩，操作上便能更容易嗅出股價變動的方向。

　　普羅大眾間流傳著多種型態策略，我們將統整精選出重要且易懂的操作模式，加入全新角度詮釋，讓初次入門的投資者參考。股票走勢變動不可能全然複製，應以相對應的型態圖，領會技術分析所傳授的要領。投資人將模型學習吸收、靈活運用，當個股出現相對應的趨勢型態時，分析盤勢的功力必能得心應手、操之在己。

建置買賣點，還設定停損點、停利點

開始操作前，一定要先想好以下兩大時點：

● 進場點：買進股票的時間點。進入股海中，務必未雨綢繆設想多方位突發狀況，包括停利停損點。若是莽撞進場，終將被浪濤洶湧的股海所吞噬。

● 出場點：賣出股票的時間點，分成停利點和停損點兩類型。

a. 停利點：當股票獲利至投資人理想狀態時，選擇獲利了結。

b. 停損點：股價無法如預期的方向行駛時，依據投資損失最大承受度，建立停損點機制，以避免資金無限擴張虧損。

停損點的建制在機械式操作中更具重要性。當一支股票並沒有如歷史軌跡行駛，可能是判斷錯誤或是因為作手的騙線而誤進股海。若沒有當機立斷執行停損動作，資金浮虧的可能將會大幅增加。

以上的兩大點是操作股票的重要觀念。在作交易時，容易因市場漲跌情勢而自亂手腳，若事前擬定進場點和出場點，即使面臨突發狀況的衝擊，也能從容不迫不被干擾。另外，投資人可以利用網路下單軟體，預先設定明日預掛賣單，按部就班方能從容進場、優雅出場。

牢記 3 種獲利模型，操盤更容易獲利

💰 第一步驟：將 3 個獲利模型烙印在心中

獲利模型 A

獲利模型 B

獲利模型 C

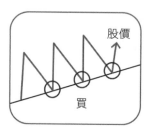
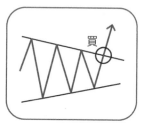

💰 第二步驟：套用模型

圖 5-1　股價到圈起來的地方，就是第一步驟模型 B 的進場點

💰 第三步驟：模型與預期截然不同時，立即停損出場或取消委託

停損出場點   取消委託

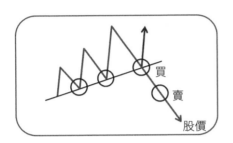 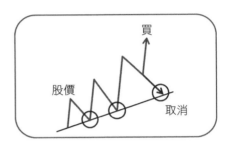

若股價與我們預期方向相互違背，投資人應馬上進行停損。

〔降龍第 1 式〕下降趨勢， 向上突破壓力線，買進！

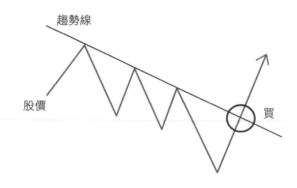

　　下降趨勢中，投資人繪畫出一個股價高點連結的趨勢線，作為壓力線，每逢股價突破壓力線後，就是進場的好時機。但當股票下跌一段期間卻突然上漲時，先前買方套牢者可望停損出脫持股，屆時行情會再次回檔，後續朝突破方向持續上揚。

　　此模型多呈下降趨勢，無法清楚估計漲勢波幅，所以投資人可以預設停利點後，隨著股價增加逐步提高停利點。停損點可以設定在突破壓力線後，回跌灌破壓力線的價格帶。

< 操作重點整理 >

1. 下降趨勢格局。
2. 進場點：下降趨勢中，股價突破上方壓力線，買進。
3. 停利點：先預設一個停利點，隨股價上漲逐步調高停利點，在行情

反轉時，獲利了結。

4. 停損點：股價突破壓力線後，卻又跌破原先壓力線，判斷錯誤，停損賣出。

圖 5-2　實戰演練：下降趨勢，向上突破壓力線

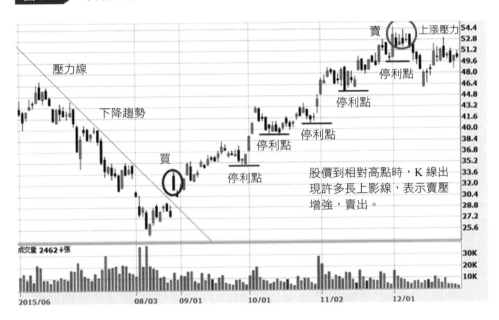

〔降龍第 2 式〕跳空下跌後，向上突破壓力線，買進！

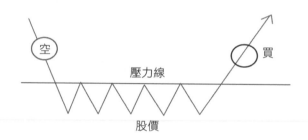

　　當公司發生危機造成個股風險，大家看空這檔股票紛紛出脫持股時，會造成跳空下跌的現象。股票遇到此種情況，通常呈現大幅下跌，後期進入盤整區，這時股價屢次上漲至一個價位後又會折返，將這些高點連結就形成壓力線。只要股票突破壓力線，代表目前買方力道強勁，股價有望填補先前跳空下跌的缺口，所以股價突破壓力線時才能買進。

　　在股價填補上次跳空下跌的缺口時，建議投資人獲利了結。我們的停損點應設定在股票跳空後盤整時的低價區，當股價已經突破盤整，卻又回跌破盤整時的低價區，此式有崩潰的疑慮，投資人應該停損賣出。

< 操作重點整理 >

1. 跳空下跌後盤整。
2. 進場點：當盤整後，股價突破壓力線時，買進。
3. 停利點：當股價已經填補跳空下跌的缺口時，獲利了結。
4. 停損點：股價跌破盤整的低價區時，此式有崩壞的疑慮，停損賣出。

圖 5-3 ▶　實戰演練：跳空下跌，向上突破壓力線 -1

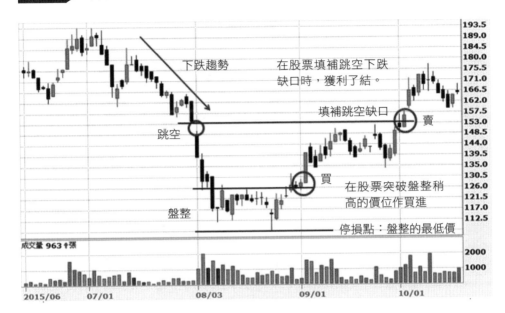

圖 5-4 ▶　實戰演練：跳空下跌，向上突破壓力線 -2

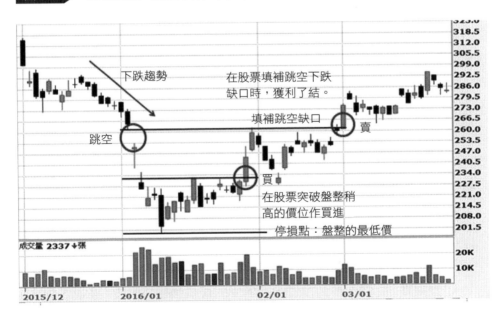

5-3

〔降龍第 3 式〕上漲趨勢，每當下跌至移動平均線，買進！

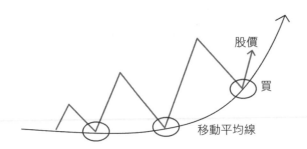

　　這一式需留意的是，務必在上漲趨勢中才能使用，上漲趨勢的判斷中，最簡易的法則是觀察移動平均線是否呈現上揚。移動平均線採用的天數，會因股性而有不同的最佳設定值，投資人可以試著調整參數，觀察股票跌回幾日移動平均線，會有強而有力支撐效果。

　　此外，不易找尋最佳設定值時，投資人可以注意看盤軟體上 MA 旁邊的箭頭，例如：MA20 ↑是代表上漲趨勢；MA20 ↓是代表下降趨勢。

　　建議投資人尋找上漲過程中，股價經常來回穿梭在移動平均線上的股票。

< 操作重點整理 >

　　1. 確認上漲趨勢。

　　2. 進場點：每當股價下跌靠近移動平均線時。

　　3. 停利點：股價達到歷史高價附近，獲利了結。

　　4. 停損點：股價下跌到投資人能承受的最低價位（自設：停損 X 元），或當走勢有分崩離析疑慮時，停損賣出。

▶ 圖 5-5　實戰演練：上漲趨勢，每當下跌至移動平均線 -1

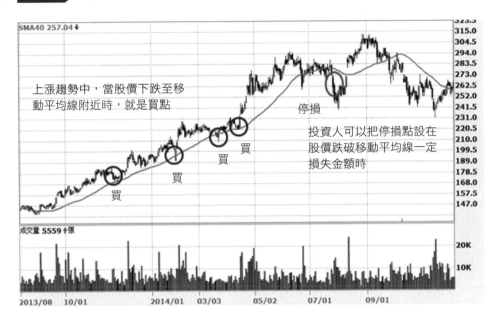

▶ 圖 5-6　實戰演練：上漲趨勢，每當下跌至移動平均線 -2

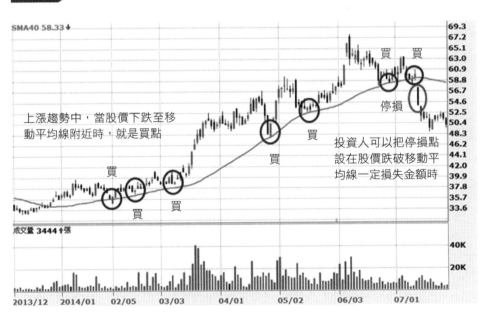

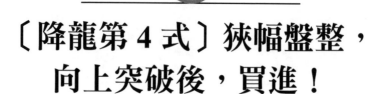

〔降龍第 4 式〕狹幅盤整，向上突破後，買進！

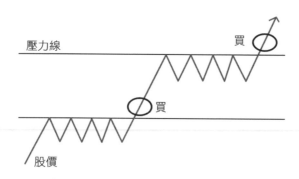

股票在一個區間內上下震盪，把震盪高低檔連線形成壓力線，每當盤整結束後，股價向上突破壓力線或向下穿透支撐線，將會進入上漲趨勢盤或下跌趨勢盤，此時投資人可以買進或賣出。盤整期越漫長，後勢上漲或下跌的能量累積也會越強勁。

投資人可以隨著股價上升，把停利點逐步調高，也可以採用前一波的高價區賣出。還有一點值得注意的是，當股價上漲過熱，線圖容易出現一些反轉訊號，最容易判別的是長上影線的 K 線。當 K 線出現長上影線徵兆，表示市場有一股賣壓，須格外小心，不久後股票將會出現反轉。

< 操作重點整理 >

1. 窄幅盤整。

2. 進場點：盤整後，股價突破壓力線，買進。

3. 停利點：隨著股票上漲，逐步調高停利點，或者股價達到前一波的高價區或股票出現反轉訊號時， 獲利了結。

4. 停損點：股價跌破盤整的壓力線時，停損賣出。

圖 5-7　實戰演練：狹幅盤整，向上突破後 -1

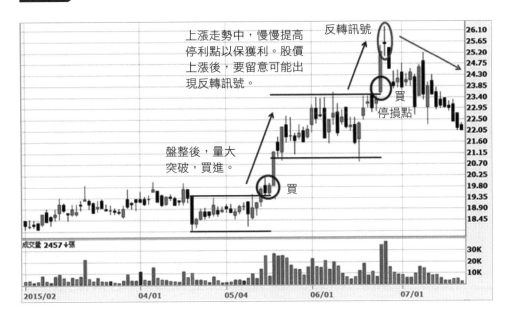

上漲走勢中，慢慢提高
停利點以保獲利。股價
上漲後，要留意可能出
現反轉訊號。

反轉訊號

買
停損點

盤整後，量大
突破，買進。

買

成交量 2457 ￪張

圖 5-8　實戰演練：狹幅盤整，向上突破後 -2

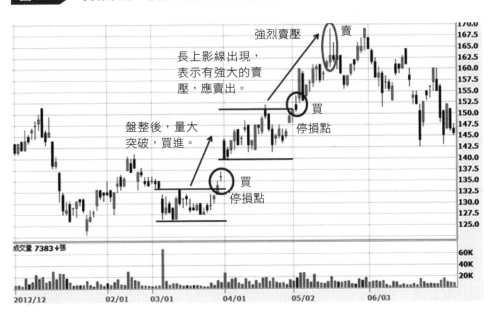

強烈賣壓　　賣

長上影線出現，
表示有強大的賣
壓，應賣出。

買
停損點

盤整後，量大
突破，買進。

買
停損點

成交量 7383 ￪張

〔降龍第 5 式〕三角型態整理後，向上突破，買進！

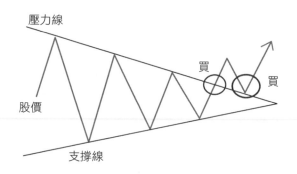

　　股價上下振動的幅度越來越小，高價連接的壓力線和低價連接的支撐線，慢慢向彼此靠近，形成一個三角形的樣子，稱為三角整理型態。三角整理的壓力線和支撐線需要投資人自己繪畫，這個三角形可能是直角三角形、正三角形等等。

　　當股價在三角形整理期間越久，收斂後成交量增加，是可靠的買進訊號。此式的停利點可以設定三角整理的最高價，或是最高價與最低價的價差加上突破壓力的點位。停損點可以設在三角整理的支撐線稍低部位。

< 操作重點整理 >

　　1. 三角整理。

　　2. 進場點：三角整理後，股價突破壓力線，買進。

　　3. 停利點：三角整理區間的最高價格，或最高價與最低價的價差加上突破壓力價，獲利了結。

　　4. 停損點：股價跌破三角整理的支撐線稍低部位，設定停損賣出。

圖 5-9　實戰演練：三角型態整理後，向上突破 -1

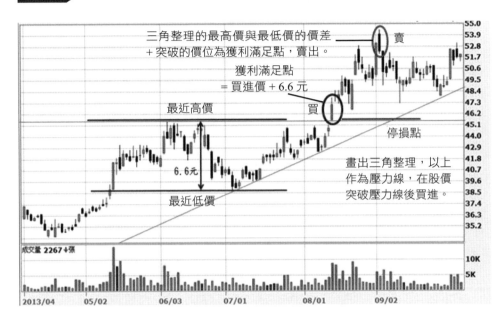

圖 5-10　實戰演練：三角型態整理後，向上突破 -2

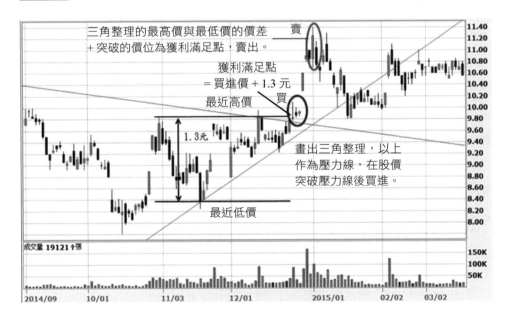

5-6

〔降龍第 6 式〕箱型整理時，碰到支撐線買進，碰到壓力線賣出！

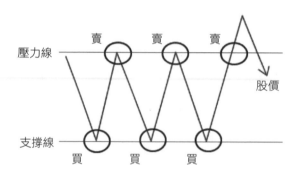

　　箱型整理的股價會在支撐與壓力兩條線上下遊移，整體成交量會呈現縮減，若要脫離價格區間軌道，突破時成交量必定大增，下跌則不需帶量，此時可做區間買賣。首先，利用畫線工具，把股價的高價點相連畫出壓力線，把股價的低價點相連畫出支撐線，以機械式操作進行低買高賣。

　　為了確保獲利，預設股價觸及支撐線稍高價位委託買進，或股價觸及壓力線稍低價位設定賣出。此式的停損點設立在股票跌破支撐線時賣出。

＜操作重點整理＞

1. 箱型整理盤勢。
2. 進場點：股價在支撐線附近時買進。
3. 停利點：股價在壓力線附近時，獲利了結。
4. 停損點：股價跌破壓力線，有型態崩壞的疑慮時，應停損賣出。

圖 5-11　實戰演練：箱型整理碰到支撐、壓力線 -1

圖 5-12　實戰演練：箱型整理碰到支撐、壓力線 -2

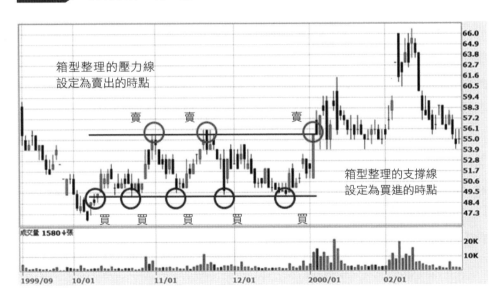

〔降龍第 7 式〕上漲趨勢，下跌碰到趨勢線，買進！

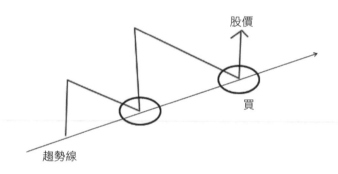

　　上漲趨勢中，股價下跌碰到越勢線為買進訊號。看盤軟體中沒有趨勢線，投資人在看盤軟體中可以找到畫線工具，繪畫技巧舉例說明：把現有的數個股價下跌立即反彈的低價位連成一條，就可以形成一條趨勢線。趨勢線繪畫並沒有制式規定，可以依照投資人各自看法設定。

　　停利點的設置準則會因個股因素而有所不同，有些股票雖然是延著趨勢線上漲，但乖離程度過大，這時注意前端漲幅作為停利點的標準。例如：該支股票乖離過後、股價上漲 10%，屢次回調至趨勢線附近時，投資者可以將此規律設置停利點為股價 ×10%。另一種是當股價上漲幅度較小，投資人可以將停利點設在前高價附近。

　　余博士提供一個小技巧：投資人在設定停損、停利點時，可以將停利比例設定高一點，將停損比例設定低一點，例如：停利 12%、停損 6%，如此一來，投資人可以承受較小風險，卻能獲得較大的利潤空間。

< 操作重點整理 >

1. 確認上漲趨勢。

2. 進場點：每當股價下跌靠近趨勢線時。

3. 停利點：波動幅度大的股票→設定當股價上漲 X% 時停利（因股票股性而略為不同）；波動幅度小的股票→股價前次高價附近。

4. 停損點：股價下跌到投資人能承受的最低價位（自設停損：X 元），或有崩潰疑慮時，應停損賣出。

圖 5-13　實戰演練：上漲趨勢，下跌碰到趨勢線 -1

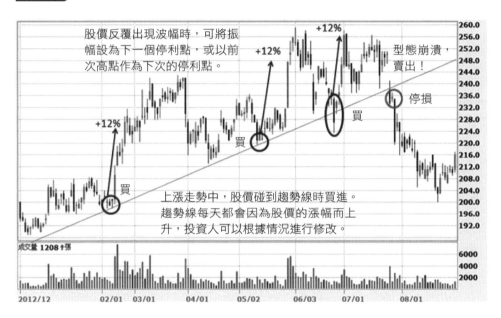

圖 5-14　實戰演練：上漲趨勢，下跌碰到趨勢線 -2

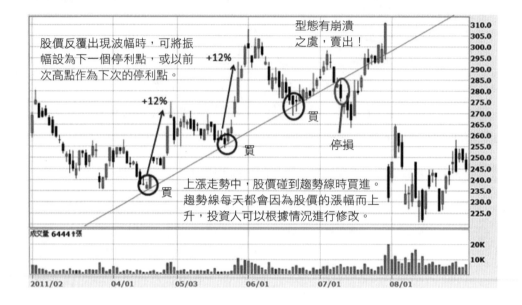

當損不損或擴大止損，
只是讓錯誤持續拖延！
利潤是追隨趨勢的保證，
利潤才是持倉的最好理由！

5-8

〔降龍第 8 式〕
低部區出現 W 底，
突破頸線，買進！

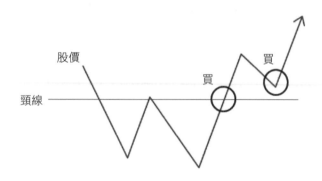

　　W 底又稱為雙重底，也就是股價型態呈雙波谷。當 W 底形成後，投資人第一步驟找到頸線，等待股價突破即買進的時機。另外，因為 W 底與頭肩底一樣，有時突破頸線會先下跌後持續上攻走揚，因此等待趨勢下跌至頸線再進場，也是一種選擇。

　　停利點設置的方法是：W 底的最低價到頸線的價差，再加上突破頸線的價位。停損點設定在 W 底一半的位階，也就是頸線價位減掉最低價到頸線的一半價差。以下圖為例，19.35 元的頸線價位減掉頸線到最低價的價差 3.15 元的一半，17.775 元就是停損價。

< 操作重點整理 >

　　1. 低價圈，出現 W 底。

　　2. 進場點：當股價突破頸線時買進。

　　3. 停利點：股價上漲至 W 底最低價到頸線的一倍價差時，獲利了結。

4. 停損點：股價跌破頸線後，跌深至一半的 W 底價差，型態已崩壞，停損賣出。

圖 5-15 ▶ 實戰演練：低部區出現 W 底，突破頸線 -1

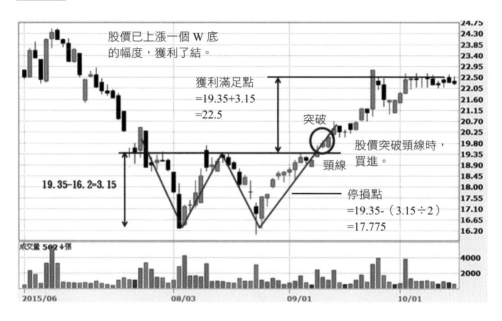

圖 5-16 ▶ 實戰演練：低部區出現 W 底，突破頸線 -2

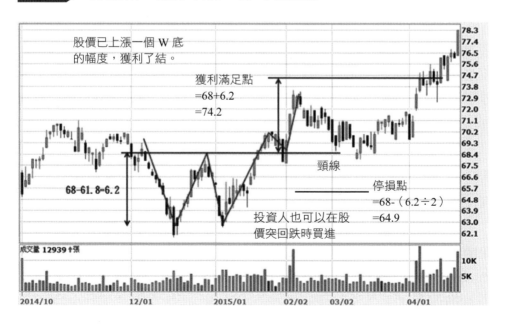

5-9

〔降龍第 9 式〕
低部區出現頭肩底，
突破頸線，買進！

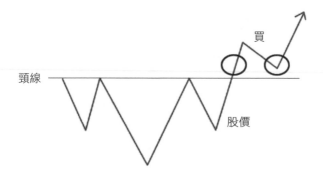

　　股價下跌出現了三次低價的型態，中間低價會是三個波中最低檔的。當頭肩底出現在低價區時，可以視為強而有力的打底訊號。首先，投資人須判斷並繪畫出頭肩底的頸線，所謂的頸線是指前兩次下跌後，股價上漲到最高點連接成線，但每次的頭肩底型態並非如出一轍，不同投資者畫出的頸線可能略有不同。

　　停利點應該設定在頭肩底最低價到頸線的價差，再加上突破頸線的價格。舉例來說，頭肩底與頸線的價差為 10.4 元，所以頸線 37.3 元 +10.4 元 =47.7 元，就是獲利滿足點。

　　多數個股股價突破頸線後，會回跌再次上攻，但當股價跌深至頭肩底和頸線價差一半的位階時，型態確認崩壞，停損點預設在頭肩底最低價到頸線距離一半的價位，也就是 37.3-（10.4÷2）=32.1 元。

< 操作重點整理 >

1. 低價區，出現頭肩底。

2. 進場點：當股價突破頸線時買進。

3. 停利點：股價上漲至頭肩底最低價到頸線的一倍價差，獲利了結。

4. 停損點：股價跌破頸線後，跌回超過一半的頭肩底價差，停損賣出。

圖 5-17　實戰演練：低部區出現頭肩底，突破頸線 -1

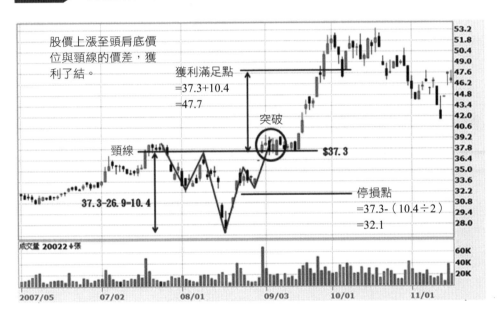

圖 5-18　實戰演練：低部區出現頭肩底，突破頸線 -2

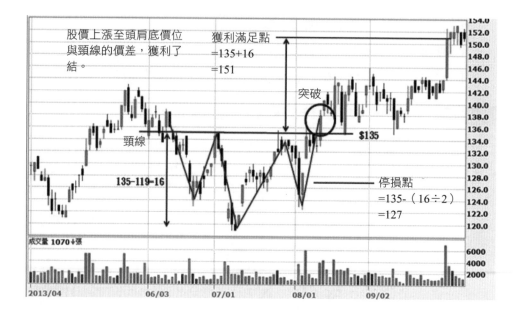

無論發生哪一種狀況，務必關注：

1. 緊盯落底訊號何時出現！

2. 拿出口袋名單大膽持有！

3. 從學富開始「創富」最後享富。

5-10

〔降龍第 10 式〕
跳空上漲後，突破盤整，買進！

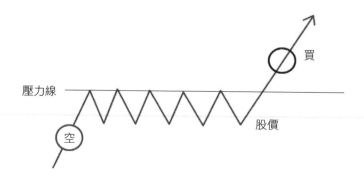

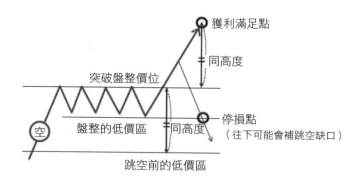

　　當股票上漲或下跌因素強烈，表示漲勢或跌勢強勁，造成股價的不連續而出現跳空缺口。通常缺口分為很多類型，有的在三天內填補形成普通缺口，對股票不會帶來特別的影響。但當股票伴隨成交量劇增、跳空上漲，代表漲勢力道強而有力，但無法確定此缺口是否會被填補。投資人可以等待股價上漲後，股價突破壓力線，再進場買進。

　　這一式的停利點建議：設定在跳空前的低價區到突破盤整的壓力線之間價差的一倍。以下圖為例，跳空前的盤整低價區到突破盤整的壓力線之間，有著 4.05 元的價差，投資人的停利點可以設定在突破壓力線的價位 19.45 元，再加上 4.05 元，也就是 23.5 元。至於停損點建議：設定在盤整的低價區，因為當股價跌破盤整的低價區後，很容易填補跳空缺口，而造成一蹶不振，越跌越深。

< 操作重點整理 >

　　1. 股價出現跳空上漲盤整。

　　2. 進場點：當盤整後，股價突破壓力線時，買進。

　　3. 停利點：突破盤整價，加上盤整低價區到突破盤整價的一倍距離，獲利了結。

　　4. 停損點：股價跌破盤整的低價區時，有可能再下跌填補缺口，停損賣出。

圖 5-19　實戰演練：跳空上漲後，突破盤整 -1

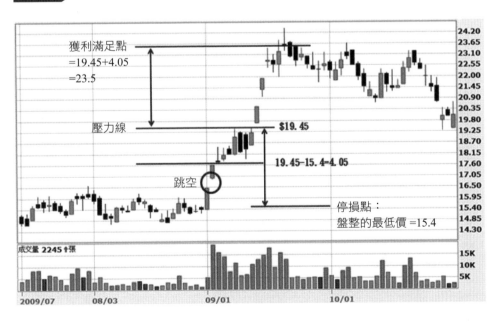

圖 5-20　實戰演練：跳空上漲後，突破盤整 -2

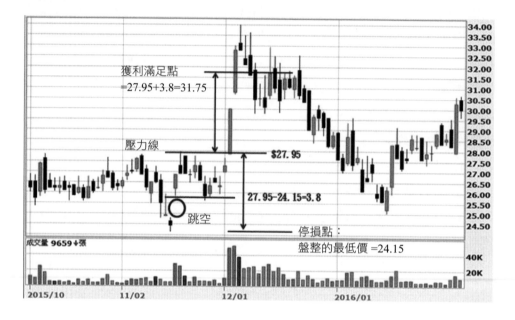

獲利滿足點
=27.95+3.8=31.75

壓力線

$27.95

27.95-24.15=3.8

跳空

停損點：
盤整的最低價 =24.15

細心挑選出的優質股，
不必貪圖眼前小利而拋出！

5-11

〔降龍第 11 式〕
低價股長期沒變化，
當放量大漲，買進！

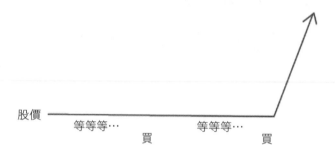

股價 ─────────────────────────────↗

等等等…　　　　等等等…
　　買　　　　　　買

　　股票要上漲都是成交量增加，股價才有動力上漲，但很多時候我們買在成交量增加時，股價不知道已經漲多少了。通常成交量增加，股價才能上漲，是在說大型股，因為大型股的股本較大，當成交量上升，股價變動其實不太大。

　　如果投資人把剛才的模式套用在小型股，就不可行了。小型股通常股本小，許多法人不會碰，因此長期低價且沒什麼量。但是，當一個話題出來時，成交量上漲，股價就會爆沖，屆時投資人只能一直追價才買得到。所以，如果投資人要靠著小型股獲利，建議在成交量少的日子買進。

💰 買進沒成交量的低價股

　　如果要靠著一支股票賺很多倍，大型股比較難，但小型股容易多了。

小型低價股在成交量小時買進，有時要等兩、三個月，但是往往一個利多消息出來後，都會漲上好幾倍。股價從 100 元漲到 200 元很難，但要從 10 元漲到 20 元卻很容易。由於新聞媒體很少報導小型低價股翻倍的故事，因此大家比較少知道這件事。

低股價適合有錢、沒有空看盤的投資人

如果你有閒錢，而且平常要上班，沒時間時時刻刻盯著股市，也許可以考慮小型低價股。小型低價股一手 100 股的成本不高，平時不用太注意，當股價已經 10 元時，往下跌 1 元，損失就一手 100 元，不過當公司有利多消息，它可能一下就漲超過 20 元。但投資人一定要小心的是，法人不會碰的這些小型低價股，存在著流動性風險，也就是當你想賣掉股票時，可能賣不掉。所以，當你買進小型低價股時，一定要有可能賠光這些錢的準備。

＜操作重點整理＞

1. 小型低價股長期沒變化。
2. 進場點：找個沒什麼成交量的日子，買進。
3. 停利點：出現變盤訊號或漲勢要停止時，獲利了結。
4. 停損點：股價下跌到投資人能承受的最低價位，停損賣出。

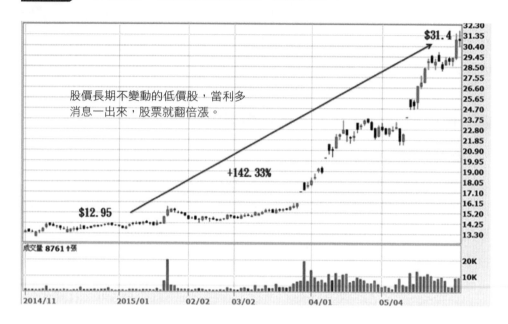

圖 5-21　實戰演練：低價股長期沒變化，放量大漲 -1

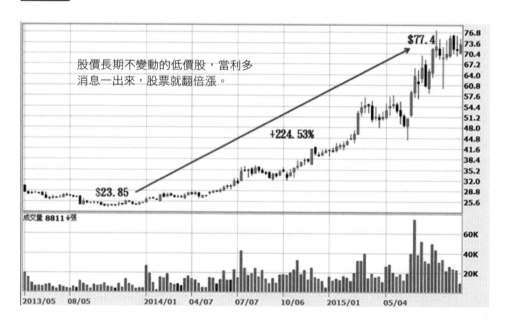

圖 5-22　實戰演練：低價股長期沒變化，放量大漲 -2

投資很危險？
余博說：沒有投資知識才是真危險！
投資致富關鍵在於願意不斷學習，
發掘別人還沒看到的機會，
這是不變的真理。

5-12

〔降龍第 12 式〕
長紅 K 線 + 成交量驟增，
突破盤整，買進！

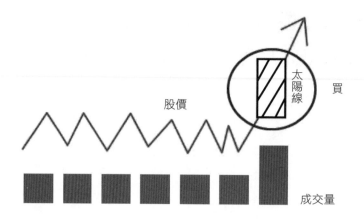

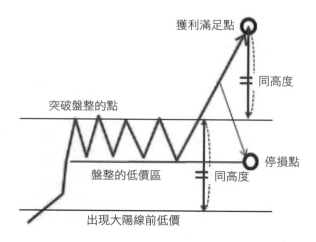

　　長紅 K 出現時，用跳躍的方式達到目標價，但要注意的是，這一式容易產生急漲急跌的狀況，成交量大不僅表示多方強勁，同時意味空方勢均力敵。所以，當長紅 K 出現時，切勿急著買入持有，先靜觀等待突破盤整後再買進。

　　停利點設定在盤整前低價區與高價區的價差，加上突破盤整的價位。建議停損點設定在盤整的低價區。

＜操作重點整理＞

　　1. 盤整後出現長紅 K 線。

　　2. 進場點：當盤整後，股價突破壓力線時，買進。

　　3. 停利點：前低價區到突破盤整價一倍距離時，獲利了結。

　　4. 停損點：股價跌破盤整的低價區時，買方力道減少，停損賣出。

圖 5-23　　實戰演練：長紅 K 線 + 成交量驟增，突破盤整 -1

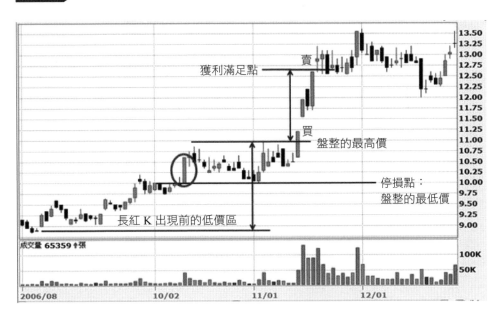

圖 5-24　實戰演練：長紅 K 線 + 成交量驟增，突破盤整 -2

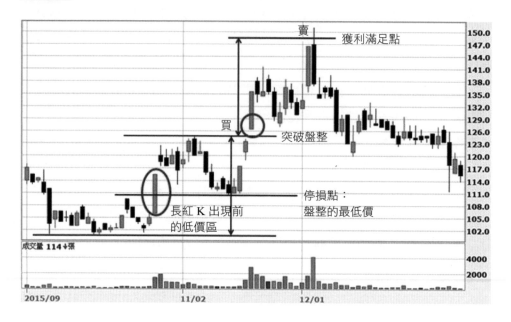

投資股票，
難免在某些時候要靠運氣，
但長期而言，好運、壞運會相抵，
若想要持續成功，
則靠的是技能和良好的策略。

5-13

〔降龍第 13 式〕
長期處於平盤，
突然帶量上漲，買進！

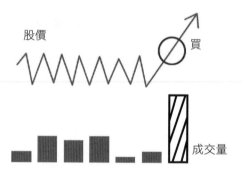

　　若一支股票長期處於平盤，成交量沒有起色，當突然帶量上漲，就是買進的時機。這種股票趨勢如同下圖，一段時間在 12.5 元到 14 元之間盤整，匍伏不前，沒有太大變化，卻在某日滾量上攻。

　　建議投資人預先設置停利點，隨著股價增加而逐步向上調整，或是當股價出現變盤訊號、漲勢即將停止時，獲利了結。至於停損點，投資人可以默認在盤整時的低價區，或是自己能承受的最低價位。

< 操作重點整理 >

　1. 股票長期沒有太大的漲跌幅。

　2. 進場點：股價突然滾量上漲，買進。

　3. 停利點：出現變盤訊號或漲勢即將停止時，獲利了結。

　4. 停損點：當股價跌破低價區時，停損賣出。

圖 5-25　實戰演練：長期處於平盤，突然帶量上漲 -1

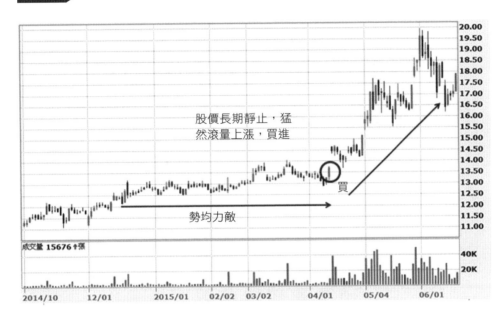

圖 5-26　實戰演練：長期處於平盤，突然帶量上漲 -2

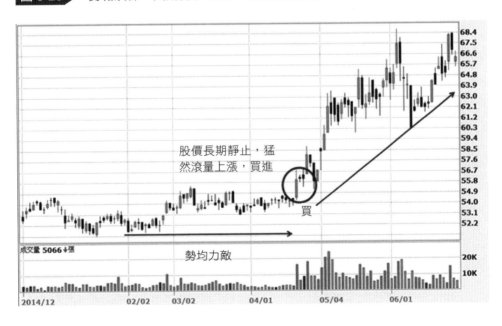

5-14

〔降龍第 14 式〕下跌趨勢，出現大成交量＋下影線，買進！

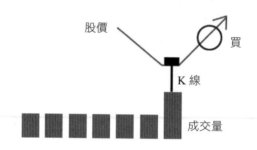

　　當股票在下跌中出現帶有長下影線的 K 線，是一個反轉的徵兆。長下影線代表逢低價位有人不斷承接，下檔有支撐的概念，可視為反轉訊號，此時若夾帶大額成交量，上漲訊號更為準確。

　　在確認買進訊號的隔天，可以先預掛比昨日收盤價低一點的價位掛單。停利點可以設定在前次高價區作獲利了結。停損點設定在長下影線的 K 線最低價，當股價跌破此價位時，代表賣方力道大於買方，後市繼續下跌的機率大幅增長。

＜操作重點整理＞

　　1. 行情處於下跌趨勢中。

　　2. 進場點：下降趨勢中，出現長下影線的 K 線，表示有支撐，買進。

　　3. 停利點：當股價漲到前次高價區時，獲利了結。

　　4. 停損點：當股價跌破長下影線的 K 線最低價時，後市看空，應停損賣出。

圖 5-27　實戰演練：下跌趨勢，出現大成交量 + 下影線 -1

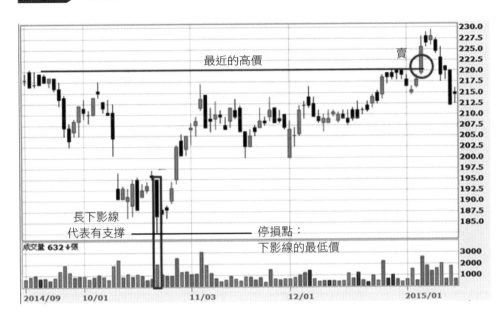

圖 5-28　實戰演練：下跌趨勢，出現大成交量 + 下影線 -2

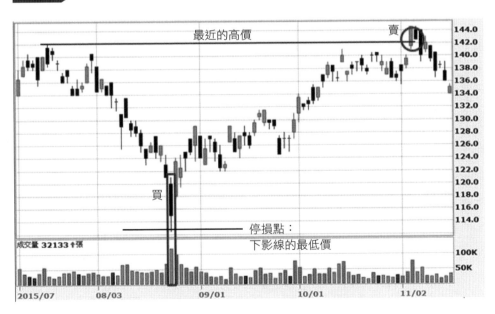

〔降龍第 15 式〕上漲趨勢，
突然一時下跌，買進！

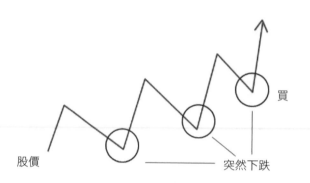

上漲趨勢時，股價不可能每天都在漲，偶爾會下跌再繼續上漲。每當股價下跌變得相對便宜時，投資人會覺得現在很便宜而買進，但那並不完全是正確想法。股價變便宜有兩種情況，一種是在上漲趨勢，另一種是在下降趨勢。當投資人在下降趨勢時便宜買進股票後，可能面臨的問題就是股價越跌越便宜，即所謂的越撿越便宜的概念。至於在上漲趨勢中突然下跌的股票，因為目前許多投資人都看好，想在它變得相對便宜時買進，所以遇到突然下跌時，大家都會在股價下跌時接手，股票比較容易上漲。

< 操作重點整理 >

1. 行情處於上漲趨勢中。

2. 進場點：股價突然下跌時買進。

3. 停利點：出現變盤訊號或漲勢停止時，獲利了結。

4. 停損點：當股價一直下跌，變成下降趨勢時，應停損賣出。

圖 5-29　實戰演練：上漲趨勢，突然一時下跌 -1

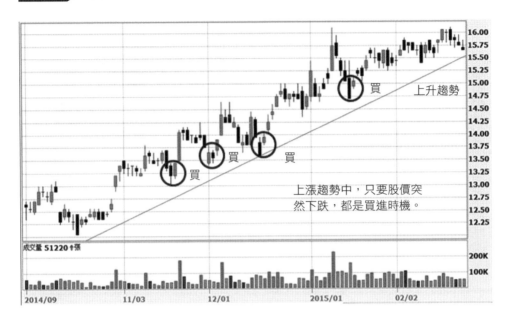

圖 5-30　實戰演練：上漲趨勢，突然一時下跌 -2

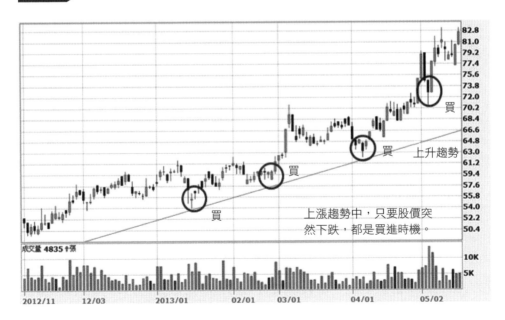

5-16

〔降龍第 16 式〕上漲趨勢，突然跌到移動平均線附近，買進！

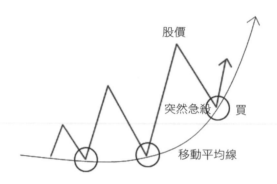

　　這一式和之前模式的概念是類似的，只是增加兩個移動平均線，讓投資人更瞭解移動平均線的支撐與壓力。

　　我們分別以 5 日移動平均線、20 日移動平均線來示範：上漲趨勢時，短天期的移動平均線（5 日 MA）會在長天期的移動平均線（20 日 MA）上方，每當股價跌到 20 日 MA 附近，都會有股莫名的力量支撐它向上，此時可以買進。

　　但是，有時會有些不好的消息，讓這股支撐力敵不過賣壓，此時股價就會下跌，進而形成短天期的移動平均線（5 日 MA）在長天期的移動平均線（20 日 MA）下面，也就是下降趨勢。

　　股票進入下降趨勢時，每當股票上漲到 20 日 MA 附近時，都會有股壓力把它打下去。但是，當股票的買方力道勝過這股壓力時，股價又會突破 20 日 MA，進而形成另一個上漲趨勢。

< 操作重點整理 >

1. 上漲趨勢中。

2. 進場點：股價突然下跌到移動平均線附近，買進。

3. 停利點：股價達到歷史高價附近，獲利了結。

4. 停損點：股價下跌到投資人能承受的最低價位（自設停損：X 元）時，停損賣出。

圖 5-31　實戰演練：上漲趨勢，突然跌到移動平均線附近 -1

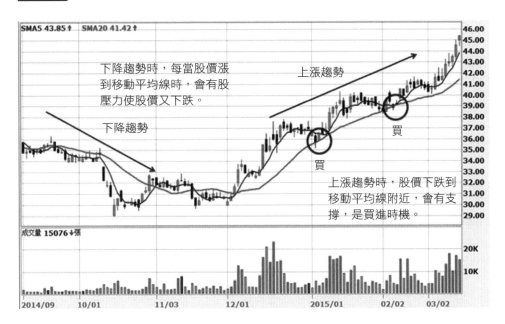

圖 5-32　實戰演練：上漲趨勢，突然跌到移動平均線附近 -2

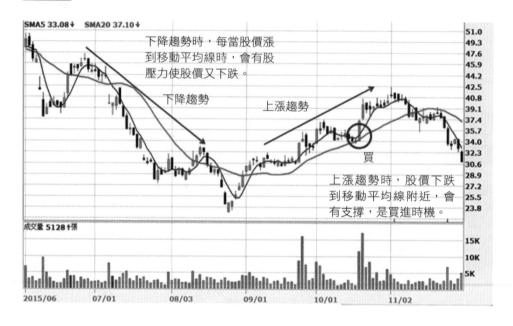

下降趨勢時，每當股價漲到移動平均線時，會有股壓力使股價又下跌。

下降趨勢

上漲趨勢

買

上漲趨勢時，股價下跌到移動平均線附近，會有支撐，是買進時機。

多頭市場，多一些基本面，
少一些技術面。
空頭市場，多一些技術面，
少一些基本面。

5-17

〔降龍第 17 式〕向上突破，有如勺子型把手，買進！

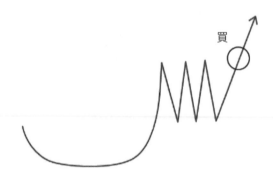

　　買進的股票價格能**翻倍**漲，是所有投資人的夢想。余博士身為終生的投資家，為了這個夢想，分析了三十年間股價翻倍的股票，終於發現以下四個股價翻倍的要素，提供讀者學習與參考：

1. 公司業績持續上升。
2. 企業近期業績有大幅度的成長。
3. 股本少的小型股。
4. 股價出現創新高價。

　　根據余博士的研究，**股價要翻倍，通常在股價創新高後才是真正上漲的關鍵**。相較於上漲幅度大的大型股，如果選擇小型股，則獲利倍數將更高。

🪙 股價突破勺子把手後，真正漲勢才開始

余博士還發現股價要翻倍時，股票初期階段容易出現一個類似帶有把手的勺子形狀。一開始股價下跌後又上漲，形成一個勺子狀，到達勺口時進行盤整，形成一個類似有把手的勺子。當股價突破這勺子的把手時，就是買進訊號。當股價突破把手後，走勢會繼續上漲，有些股票甚至上攻好幾倍才結束漲勢。

投資人可以多留意報章雜誌對上市公司最新業績的預測資訊，或是分析公司財報，進而找到符合上述要素的股票。

< 操作重點整理 >

1. 符合余博士提出的四個要素。

2. 進場點：當股價突破勺子的把手時，買進。

3. 停利點：出現變盤訊號或漲勢尾聲時，獲利了結。

4. 停損點：當股價突破把手，卻回跌而跌破把手時，停損賣出，或是以能承受的最低價位（自設停損：X 元），停損賣出。

圖 5-33　實戰演練：向上突破，有如勺子型把手 -1

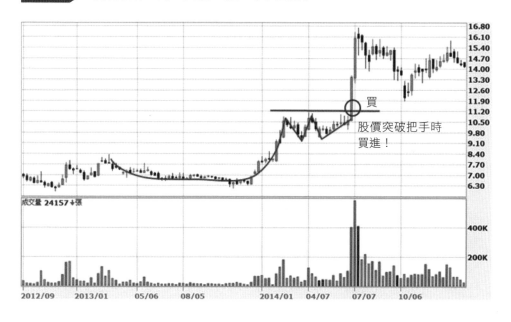

圖 5-34 　實戰演練：向上突破，有如勺子型把手 -2

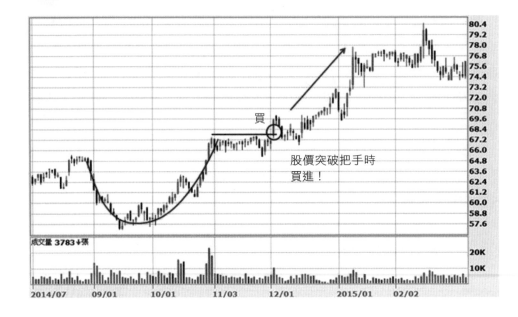

買進股票不是因為它便宜而購買，
而是要看它真正的價值！

5-18

〔降龍第 18 式〕危機入市，
選在特殊日子交易提高勝率

投資人可以參考經驗法則危機入市，選在上漲機率大的日子交易以提高勝率。以下是幾個重要的經驗法則，提供投資人參考：

(1) 空頭市場出現極大的利多消息，多頭市場出現極大的利空消息。

(2) 留意股東會與年報

依照規定，公司需要在會計年度結束後召開股東會，日前融券放空的投資人一定要回補，那麼隨時都可能出現「軋空行情」。另外，明明是看空股票，但被迫回補股票，而變相成為多頭的助力。所以，投資人操作股票時，可以注意軋空行情，以及年報出來時有無利多消息。

(3) 除權、除息後股價會有大波動

股東會結束後，如果這家公司有賺錢，公司也許會發現金股利或股票股利。此時，從第一季賺到現在的投資人，可能會產生獲利了結的想法。因此，如果是多頭市場，往往到第三季會出現一股賣壓，相對於長期，投資人往往已經賠錢了，自然對於參加除權、除息的意願並不高，所以會選擇在除權、息前賣掉股票，這或許是一個撿便宜的好買點。

(4) 董監事改選

小型股有可能因為董監事要爭席次，而出現董監事行情，所以投資人可以多加留意。

第**6**章

掌握財務報表，
用 6 方法算出
合理的股價

計算股票的低檔價、
合理價及高檔價

如何找到好的公司＋買到好股票價格？

每個投資人心中的「好公司」，定義截然不同。有些人認為一定要有「成長性」才是好公司，有些人認為具有「競爭性」才是好公司，但有的人卻認為企業出現「轉機」才是好公司。至於余博士心中認定的好公司，只要是公司體質好、營運穩健、資金安全性高就可以了。

如何判斷「好公司」？評估的先決條件是「財報透明度」，就是用財報數據來判斷企業體質。如果要細看企業體質，並針對企業體質評估，在此提供余博財務分析密碼表 11 項財報項目的詳細指標，來做分析。

評分數值：
（1）0～50 觀望：財務體質較弱，投資風險較高。
（2）50～60 中等：財務體質一般。
（3）60～100 優等：財務體質健全，較不易發生財務危機。

當找到好公司後，接下來計算「好價格」。

依據不同的個股類型分類，余博提供五種估價法來評估股價。

不論採用何種估價法，一定要建立自己的選股模式與交易邏輯。

💰 財務報表：利潤表

		營業總收入	營業利益
營業總收入	營業毛利		
營業成本		營業總成本	
銷售費用	營業費用		
管理費用			
財務費用			
投資收益	投資		
營業外收入		業外損益	
營業外支出			
利潤總額			
所得稅			
淨利潤			

💰 財務報表：資產負債表

總資產	流動資產	貨幣資金	總負債	流動負債	應付帳款
		應收款項合計			預收賬款
		預付帳款			其他流動負債
		存貨		非流動負債	長期借款
		其他流動資產			應付債券
					其他非流動負債
	非流動資產	固定資產	股東權益	歸屬於母公司股東權益	股本
		投資性房地產			資本公積
		遞延所得稅資產			盈餘公積
		無形資產			一般風險準備
		其他非流動資產			未分配利潤
					少數股東權益

💰 財務報表：現金流量表

		銷售商品收到現金
現金流量淨增加額	經營活動產生的現金流量	經營活動現金流入
		經營活動現金流出
	投資活動產生的現金流量	投資活動現金流入
		投資活動現金流出
	籌資活動產生的現金流量	籌資活動現金流入
		籌資活動現金流出
	匯率變動的現金流	

💰 財務報表：財析比率

營業總收入	營業毛利	營業總收入	營業利益
營業成本		營業總成本	
銷售費用	營業費用		
管理費用			
財務費用			
投資收益	投資		
營業外收入		業外損益	
營業外支出			
利潤總額			
所得稅			
淨利潤			

💰 獲利能力評分標準表——一般企業

類　別	評分項目	總分	%	評分標準		說　明 (適用一般企業)
獲利能力	毛利率(%)	15	100	10~20	3分	**營業毛利 / 營業收入 x 100%**
				20~30	6分	毛利率是公司獲利能力的最基本指標。
				30~40	9分	毛利率代表公司降低成本的能力，也是公司競爭力的表現。
				40~50	12分	毛利率愈高可以展現技術領先，愈有規模經濟效益。
				50~	15分	低毛利率代表過高的成本，亦即浪費股東可能的獲利。
獲利能力	營業利潤率(%)	15	100	0~5	3分	**營業利益 / 營業收入 x 100%**
				5~10	6分	營業利益占營收比重就是營業利益率。
				10~20	9分	營業利益率表示本業收入占獲利的比重。
				20~40	12分	該比率可以看出公司整體的經營能力。
				40~	15分	營業利益率愈高，而且維持一定水準，就可以安心抱股(存股)。
獲利能力	淨利率(%)	15	100	0~5	3分	**稅後淨利 / 營業收入 x 100%**
				5~10	6分	淨利率是公司盈虧占營收的比率，代表公司的最終獲利能力。
				10~15	9分	淨利率愈高愈好，但是淨利是本業盈虧與業外收支的總和。
				15~30	12分	公司可能透過非本業的手段，造成淨利和實際情況失真的現象。
				30~	15分	淨利率應與營業利益率互為參考，以免數字遭到扭曲。
獲利能力	淨資產收益率(%)	15	100	0~3	3分	**稅後淨利 / ((期初 + 期末股東權益總額) / 2) x 100**
				3~6	6分	淨資產收益率(ROE)反映公司為股東創造獲利的能力。
				6~10	9分	數值越高代表創造獲利的能力越好。
				10~15	12分	淨資產收益率越高，企業自有資本獲取收益的能力越強。
				15~	15分	運營效益越好，對投資人、債權人的保證程度就越好。
財務結構	資產負債比率(%)	5	100	0~20	5分	**負債總額 / 資產總額 x 100%**
				20~40	4分	除金融業外，一般公司負債比率越高，利息負擔壓力會越大。
				40~60	3分	負債極高的公司，償還利息就可能將已賺來的利潤全部吃光。
				60~90	2分	對於負債越高的公司，越要謹慎以對。
				90~	1分	企業的經營風險，以及產業的特性，都會同時影響到負債比率。

💰 財務評分標準表——一般企業

類別	評分項目	總分	%	評分標準		說明 (適用一般企業)
財務結構	流動資產/總資產	5	100	10~20	1分	**流動資產 / 資產總額 x 100%**
				20~30	2分	流動資產，就是1年內可以變成現金的資產。
				30~50	3分	流動資產包括現金或銀行存款、短期投資、應收帳款、存貨等。
				50~70	4分	流動資產是企業經營的能量，沒有流動資產，企業無法營運下去。
				70~	5分	流動資產比率太低，會使營運和短期償債壓力提高。
財務結構	存貨周轉率	10	100	0~0.5	2分	**營業成本 / 存貨餘額 x 100%**
				0.5~1	4分	存貨周轉率，就是將營業成本除以存貨餘額的結果。
				1.5~1	6分	存貨周轉率趨勢上升，表示存貨消耗很快，存貨控管能力強。
				1.5~2	8分	存貨水位過高的公司，通常代表其銷貨能力可能出問題。
				2~	10分	大量存貨囤積在公司內無法銷售，可能發生產品跌價損失的風險。
財務結構	應收賬款周轉率	10	100	0~4	2分	**營業收入 / 應收帳款餘額 x 100%**
				4~6	4分	應收帳款周轉率，就是將營業收入除以應收帳款金額的結果。
				6~8	6分	應收帳款周轉率高，表示帳款回收現金的速度快。
				8~10	8分	應收帳款比率越低，代表對客戶的收帳能力越好。
				10~	10分	比率過高，應留意是否有與其他公司假銷貨、真作帳的事情。
現金流量	經營活動現金流淨額	5	100	< 0	0分	企業取得淨收益主要交易和事項的金額。
				> 0	5分	經營活動現金流的淨額應該為正數，且越多愈好。
	投資活動現金流淨額	3	100	> 0	0分	公司買賣非流動資產的現金流量。
				< 0	3分	投資活動現金流為負，代表公司可能在擴張版圖。
	籌資活動現金流淨額	2	100	> 0	2分	公司與債權人和公司與股東的現金流量。
				< 0	0分	如果籌資現金流為正，表示公司正在向股東或債權人要錢。
財報評分結果—優等		**100**	**100**	0~50	觀望	(1) 觀望：財務體質較弱，投資風險較高。
				50~60	中等	(2) 中等：財務體質一般。
				60~100	優等	(3) 優等：財務體質健全，較不易發生財務危機。

💰 獲利能力評分標準表──適用金融業

類別	評分項目	總分	%	評分標準		說 明 (適用金融業)
獲利能力	毛利率 (%)	15	100	0~20	6分	**營業毛利 / 營業收入 x 100%**
				20~30	9分	毛利率是公司獲利能力的最基本指標。
				30~40	10分	毛利率代表公司降低成本的能力，也是公司競爭力的表現。
				40~50	12分	毛利率愈高可以展現技術領先，愈有規模經濟效益。
				50~	15分	低毛利率代表過高的成本，亦即浪費股東可能的獲利。
獲利能力	營業利潤率 (%)	15	100	0~20	6分	**營業利益 / 營業收入 x 100%**
				20~30	9分	營業利益占營收比重就是營業利益率。
				30~40	10分	營業利益率表示本業收入占獲利的比重。
				40~50	12分	該比率可以看出公司整體的經營能力。
				50~	15分	營業利益率愈高，而且維持一定水準，就可以安心抱股(存股)。
獲利能力	淨利率 (%)	20	100	0~5	3分	**稅後淨利 / 營業收入 x 100%**
				5~10	5分	淨利率是公司盈虧占營收的比率，代表公司的最終獲利能力。
				10~15	10分	淨利率愈高愈好，但淨利是本業盈虧與業外收支的總和。
				15~40	15分	公司可能透過非本業的手段，造成淨利和實際情況失真的現象。
				40~	20分	淨利率應與營業利益率互為參考，以免數字遭到扭曲。

💰 財務評分標準表——適用金融業

類別	評分項目	總分	%	評分標準		說 明 (適用金融業)
獲利能力	淨資產收益率 (%)	40	100	0~10	20分	稅後淨利 / ((期初 + 期末股東權益總額) / 2) x 100
				10~15	25分	淨資產收益率(ROE)反映公司為股東創造獲利的能力。
				15~20	30分	數值越高代表創造獲利的能力越好。
				20~30	35分	淨資產收益率越高,企業自有資本獲取收益的能力越強。
				30~	40分	運營效益越好,對投資人、債權人的保證程度就越好。
現金流量	經營活動現金流淨額	5	100	< 0	0分	企業取得淨收益主要交易和事項的金額。
				> 0	5分	經營活動現金流的淨額應該為正數,而且越多愈好。
	投資活動現金流淨額	3	100	> 0	0分	公司買賣非流動資產的現金流量。
				< 0	3分	投資活動現金流為負,代表公司可能在擴張版圖。
	籌資活動現金流淨額	2	100	> 0	2分	公司與債權人和公司與股東的現金流量。
				< 0	0分	如果籌資現金流為正,表示公司正在向股東或債權人要錢。
財報評分結果 —優等		100	100	0~50	觀望	(1)觀望:財務體質較弱,投資風險較高。
				50~60	中等	(2)中等:財務體質一般。
				60~100	優等	(3)優等:財務體質健全,較不易發生財務危機。

方法對了，錢就進來了，
擁有財富才有自由。

6-2

教你平均股利法，為定存股估價

如果企業有賺錢，依照規定，上市公司每年必須公布經由會計師查核認可的財務報表，讓一般投資人檢視去年一整年公司的營運成績，除了保留一部分在公司做為未來營運所需之外，還有一部分盈餘會發給股東，這就稱為股利。

一般而言，股利發放的形式分為以下二種：

1. 現金股利（以現金形式發放），大多屬於業績已經進入到成熟階段的公司，一方面公司不需要再投入太多現金用在資本支出上，另一方面由於本業穩定獲利，將足以每年為公司帶來豐沛的現金流量。

2. 股票股利（以股票形式發放），對公司的好處是可以保留帳上的現金，但可能會造成股本膨脹，**如果未來公司獲利成長的速度，趕不上股本膨脹的速度，將會嚴重稀釋每股 EPS 的表現**，進而影響到股價走勢。

所以，年年領股利，資產會慢慢累積，如果把股利又再投資股票，財富滾的速度將會更快。

💰 用股利推估股票的低檔價、合理價、高檔價

巴菲特說：「人生像滾雪球，最重要的是要找到濕的雪，和一道長長的山坡。」

投資就像滾雪球一般，當買到股利穩定發放的公司股票，財富滾的速度才會加倍。

若我們以投資回本的概念來做投資，假設有一家公司目前的股票價格是 50 元，而且每年都發兩元的現金股息，如果現金配息領取後不再投入股票，那麼這一檔股票的投資人必須領幾年的股息，才會拿回投資本金？

答案是 50 / 2 = 25 年

以余博士的投資角度而言，投資一檔股票 20 年能回本，是基本且合理的年限。

若 15 年就能回本，代表買到較低檔價位的股票。若 30 年才回本，則投資的股票價格一定位於高檔價位。

利用 22 種方法算出股票合理價格

當期股利法

- 以個股今年的稅後每股紅利（現金股利和股票股利），推算股票現值的價位。
- 稅後每股紅利乘以 15 ＝〈低檔價〉
- 稅後每股紅利乘以 20 ＝〈合理價〉
- 稅後每股紅利乘以 30 ＝〈高檔價〉

5 年平均股利法

- 以個股過去 5 年的平均稅後每股紅利（現金股利和股票股利），推算股票現值的價位。
- 稅後每股紅利乘以 15 ＝〈低檔價〉
- 稅後每股紅利乘以 20 ＝〈合理價〉
- 稅後每股紅利乘以 30 ＝〈高檔價〉

小叮嚀：稅後每股紅利資料來源 >> 各證券交易所 - 股票資料 - 分紅

💰 利用 2 種方法算出股票合理價格──工商銀行

當期股利法

- 以個股今年的稅後每股紅利（現金股利和股票股利），推算股票現值的價位。
- 稅後每股紅利乘以 15 ＝〈低檔價〉
- 稅後每股紅利乘以 20 ＝〈合理價〉
- 稅後每股紅利乘以 30 ＝〈高檔價〉

601398	工商銀行
當期稅後每股紅利	0.234
0.234×15=3.51 〈低檔價〉	
0.234×20=4.68 〈合理價〉	
0.234×30=7.02 〈高檔價〉	

5 年平均股利法

- 以個股過去 5 年的平均稅後每股紅利（現金股利和股票股利），推算股票現值的價位。
- 稅後每股紅利乘以 15 ＝〈低檔價〉
- 稅後每股紅利乘以 20 ＝〈合理價〉
- 稅後每股紅利乘以 30 ＝〈高檔價〉

601398	工商銀行
2017 年稅後每股紅利 0.234	
2016 年稅後每股紅利 0.233	
2015 年稅後每股紅利 0.243	
2014 年稅後每股紅利 0.249	
2013 年稅後每股紅利 0.227	
5 年平均股利 =0.2372	
0.2372×15=3.56〈低檔價〉	
0.2372×20=4.74〈合理價〉	
0.2372×30=7.12〈高檔價〉	

圖 6-1　實戰演練：工商銀行

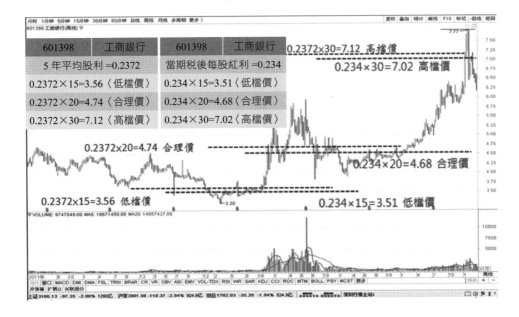

💰 利用 2 種方法算出股票合理價格——招商銀行

當期股利法

- 以個股今年的稅後每股紅利（現金股利和股票股利），推算股票現值的價位。
- 稅後每股紅利乘以 15 ＝〈低檔價〉
- 稅後每股紅利乘以 20 ＝〈合理價〉
- 稅後每股紅利乘以 30 ＝〈高檔價〉

600036	招商銀行
當期稅後每股紅利	0.74
0.74×15=11.1〈低檔價〉	
0.74×20=14.8〈合理價〉	
0.74×30=22.2〈高檔價〉	

5 年平均股利法

- 以個股過去 5 年的平均稅後每股紅利（現金股利和股票股利），推算股票現值的價位。
- 稅後每股紅利乘以 15 ＝〈低檔價〉
- 稅後每股紅利乘以 20 ＝〈合理價〉
- 稅後每股紅利乘以 30 ＝〈高檔價〉

600036	招商銀行
2017 年稅後每股紅利 0.740	
2016 年稅後每股紅利 0.690	
2015 年稅後每股紅利 0.637	
2014 年稅後每股紅利 0.589	
2013 年稅後每股紅利 0.599	
5 年平均股利 =0.651	
0.651×15=9.77〈低檔價〉	
0.651×20=13.02〈合理價〉	
0.651×30=19.53〈高檔價〉	

圖 6-2　實戰演練：招商銀行

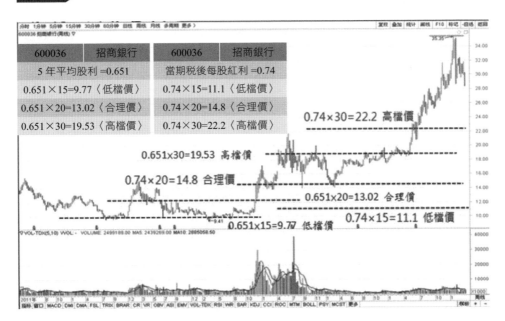

🪙 2 種股利法平均，為定存股估價

　　兩種股利法都算出來之後，再把兩者的數值平均，就可以得到最後的值。採用這個數值，算出股票的低檔價、合理價、高檔價，將更具有參考價值。

■ 操作小策略：

(1) 對於好公司，當股價在低檔價以下，分批買進。

(2) 波段操作者當股價在合理價以上，開始分批賣出。

(3) 長線投資者當股價在高檔價以上，大批賣出。

■ 算價小叮嚀：（每種估價法都有其極限及優缺點）

　　平均股利法若用來評價成長股就可能不適當，因為一般成長股在企業快速成長的階段，配發的股利可能不多，此時如果以股利回推股票價格，容易造成股價的低估。

　　平均股利法評價最適用的是每年配發利息穩定的個股，這種個股正符合巴菲特的價值型投資中所謂的滾雪球型股票。估算工商銀行這種每年固定配發股利的老牌公司，最適合用平均股利法作為評價定存股的方法。

　　注意：若是一般電子股、成長股、景氣迴圈股，就要使用別的方法較為適當。

當投資遇到危機來敲門，
「冷靜因應」、「冷靜因應」，
你就能把炸彈變成禮物！

懂得本益比還原法，創造超額報酬

　　股票投資若要追求 15~20% 或更高的報酬率，除了要精選優秀企業的股票外，更要在合理的價格買入，才能創造出超額報酬。

　　如何判斷股票的合理股價呢？一般投資人最常使用的方式是「本益比還原法」。

　　要瞭解本益比，得先瞭解 EPS（Earningser per share）。EPS 就是每股盈餘，也就是將公司的盈餘除以公司的股數。

　　在本益比中，「本」是指股價，「益」是指盈餘，所以本益比就是每股股價 ÷ 每股盈餘。至於本益比的倒數，就是每股盈餘 ÷ 每股股價，其數值相當於外部股東報酬率。

　　本益比法適用於成長或穩定型產業。

💲 觀念澄清：本益比 V.S ROE

　　如果要判斷公司的經營效率，要看 ROE，即股東權益報酬率，也就是公司用錢的效率。若要判斷股價是否合理，要看本益比的倒數，即外部股東報酬率，也就是股東利用錢所創造的效率。

$$ROE = \frac{每股盈餘}{每股股東權益} = 股東權益報酬率$$

$$\frac{1}{本益比} = \frac{每股盈餘}{每股股價} = 外部股東報酬率$$

💰 本益比與外部股東權益

本益比愈低，代表外部股東報酬率愈高，投資獲利的機會愈大。相反地，本益比愈高，代表外部股東報酬率愈低，投資獲利的機會愈小。所以，若兩檔股票的其他條件都相同，我們會傾向投資本益比低的公司。

本益比 每股股價 / 每股盈餘	外部股東報酬率 1/ 本益比 = 每股盈餘 / 每股股價
5 倍	20%
10 倍	10%
15 倍	6.7%
20 倍	5%
25 倍	4%
30 倍	3.3%
50 倍	2%

💰 通達信上的三種每股收益（需選用一種）

基本每股收益是指，企業應當按照屬於普通股股東的當期淨利潤，除以發行在外普通股的加權平均數，計算出的每股收益。（建議採用此種。）

每股收益扣除是指，每股股票收益扣除非經常性損益（與企業的主營業務無直接關係的收支）後的淨值。每股收益包括非經常性損益和經常性損益。上市公司通常會公布包括非經常性損益和經常性損益在內的每股收益，同時也會公布僅包括經常性損益的每股收益，即扣除非經常性損益。

攤薄每股收益是指，按年末的普通股總數計算出的每股收益，等於淨利潤除以年末總股本。

圖 6-3 ▶ 實戰演練：海天味業

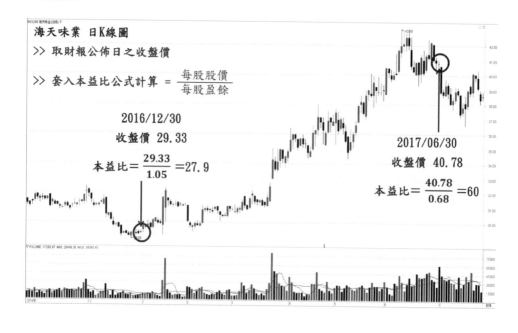

| 系統 | 功能 | 報價 | 分析 | 扩展市场行情 | 资讯 | 工具 | 帮助 | | | | | | 通达信金融终端 海天味业 |

| 贝格 | | | | | | | | 最新提示 | 公司概况 | 财务分析 | 股东研究 | 股本结构 | 资本运作 | 业内点评 | 行业分析 |
| 港澳 | | | | | | | | 公司大事 | 港澳特色 | 经营分析 | 主力追踪 | 分红扩股 | 高层治理 | 龙虎榜单 | 关联个股 |

☆财务分析☆ ◇603288 海天味业 更新日期：2017-10-27◇ 港澳资讯，灵通V7.0
☆【港澳资讯】所载文章、数据仅供参考，使用前务请仔细核实，风险自负。☆
★本栏包括【1.财务指标】【2.报表摘要】【3.异动科目】【4.环比分析】★

【1.财务指标】
【主要财务指标】

财务指标	2017-09-30	2017-06-30	2017-03-31	2016-12-31
审计意见	未经审计	未经审计	未经审计	标准无保留意见
净利润(万元)	253893.52	182318.79	97695.45	284313.40
净利润增长率(%)	24.4904	22.6971	20.6469	13.2889
营业总收入(万元)	1084580.73	743758.11	401102.68	1245855.89
营业总收入增长率(%)	21.0424	20.5682	17.1141	10.3076
加权净资产收益率(%)	23.7600	18.1900	9.3000	32.0000
资产负债率(%)	20.7579	19.2711	16.8734	25.6234
每股现金流含量(元)	83.0962	55.3792	-9.5151	143.2944
基本每股收益(元)	0.9400	0.6800	0.3600	1.0500
每股收益-扣除(元)	-	0.6500		1.0300
每股收益-摊薄(元)	0.9386	0.6740	0.3612	1.0511

牛刀小試 / 實戰演練

進入通達信，快速鍵 F10
>> 港澳（左上角）
>> 財務分析
>> 【1.財務指標】
　　【主要財務指標】
>> 基本每股收益
建議使用年報或半年報的財務資訊

圖 6-4 ▶ 實戰演練：海天味業日 K 線圖

海天味業 日 K 線圖

>> 取財報公佈日之收盤價

>> 套入本益比公式計算 $= \dfrac{每股股價}{每股盈餘}$

2016/12/30
收盤價 29.33

本益比 $= \dfrac{29.33}{1.05} = 27.9$

2017/06/30
收盤價 40.78

本益比 $= \dfrac{40.78}{0.68} = 60$

💰 精華統整

(1) 本益比又稱股價市盈率，簡稱 PE，公式 = 每股股價 ÷ 每股盈餘

(2) 本益比是衡量股價對應盈餘的倍數，也可以解釋為投資後回本年數。

(3) 本益比越低，雖然股價在低檔，但公司獲利維持高檔，表示投資標的越便宜，具有投資價值。

(4) 本益比高，雖然股價上漲，但是公司獲利並未跟著成長，表示股價脫離合理價值，應逢高獲利了結。

(5) 股價反應的是未來的營運狀況，因此在計算本益比時，應利用未來一年的 EPS 來計算。

(6) 計算本益比的每股盈餘時，應排除業外獲利，因為業外收入並不是經常發生。

(7) 因為每個產業的合理本益比不盡相同，建議使用時最好參考同產業的本益比平均值。

💰 利用統計方法算出股票合理價格

4 年平均本益比還原法

以個股最近 4 季的 EPS+ 過去 4 年的平均 EPS，推算股票現值的價位。

(1) 低檔價 =（最近 4 季的 EPS+ 過去 4 年平均的 EPS）/2 X 過去 4 年中每年「最低本益比」的平均值

(2) 合理價 =（最近 4 季的 EPS+ 過去 4 年平均的 EPS）/2 X 過去 4 年中每年「平均本益比」的平均值

(3) 高檔價 =（最近 4 季的 EPS+ 過去 4 年平均的 EPS）/2 X 過去 4 年中每年「最高本益比」的平均值

圖 6-5　實戰演練：平安銀行

```
系統 功能 報價 分析 擴展市場行情 資訊 工具 幫助                    續綻准金融終端 平安銀行
貝格                                        最新提示 公司概況 財務分析 股东研究 股本結构 资本运作 业内点评 行业分析 关闭
港股                                        公司大事 港澳特色 经营分析 主力追踪 分红扩股 高層治理 龙虎榜单 关联个股
```

☆財務分析☆ ◇000001 平安銀行 更新日期: 2018-03-20◇ 港澳資訊 灵通V7.0
☆【港澳資訊】所載文章、數據仅供參考, 使用前務请仔細核实, 风险自负。☆
★本栏包括【1.財務指標】【2.報表摘要】【3.異動科目】【4.环比分析】★

【1.財務指標】
【主要財務指標】

年度 每股收益	2017-12-31	2016-12-31	2015-12-31	2014-12-31
净利润现金含量(%)	-512.2256	48.6260	-8.3512	127.8709
基本每股收益(元)	1.3000	1.3200	1.5600	1.4400
每股收益-扣除(元)	1.3000	1.3200	1.5600	1.4500
每股收益-摊薄(元)	1.3505	1.3162	1.5281	1.7332

季度 每股收益	2017-12-31	2017-09-30	2017-06-30	2017-03-31
净利润现金含量(%)	-512.2256	-824.8682	-1021.0292	-1850.7885
基本每股收益(元)	1.3000	1.0600	0.6800	0.3100
每股收益-扣除(元)	1.3000	1.0600	0.6800	0.3100
每股收益-摊薄(元)	1.3505	1.1155	0.7311	0.3619

牛刀小試 / 實戰演練

進入通達信，快速鍵 F10
>> 港澳（左上角）
>> 財務分析
>>【1.財務指標】
　【主要財務指標】
>> 每年基本每股收益
>> 每季基本每股收益

季度	2017/12/31	2017/9/30	2017/6/30	2017/3/31	最近4季的EPS
基本每股收益（累計）	1.3	1.06	0.68	0.31	1.3
基本每股收益（當季）	0.24	0.38	0.37	0.31	

年度	2017/12/31	2016/12/31	2015/12/31	2014/12/31	過去4年平均的EPS
基本每股收益（累計）	1.3	1.32	1.56	1.44	1.41

年度股價與本益比	2017年		2016年		2015年		2014年		過去4年每年本益比平均值
	股價	本益比	股價	本益比	股價	本益比	股價	本益比	
當年度最高價	15.24	12	12.03	9	19.8	13	16.16	11	11
每月月底平均價	10.57	8	9.63	7	13.27	9	11.37	8	8
當年度最低價	8.54	8	8.52	6	9.3	6	9.52	7	6

高檔價	=(最近4季的EPS+過去4年平均的EPS) /2 X過去4年中每年「最高本益比」的平均值=	14.91
合理價	=(最近4季的EPS+過去4年平均的EPS) /2 X過去4年中每年「平均本益比」的平均值=	10.84
低檔價	=(最近4季的EPS+過去4年平均的EPS) /2 X過去4年中每年「最低本益比」的平均值=	8.13

图 6-6　實戰演練：平安銀行周 K 線圖

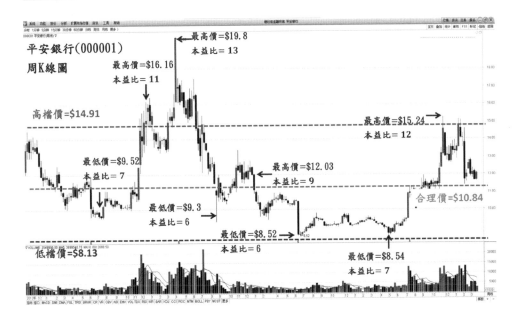

圖 6-7　實戰演練：東阿阿膠

☆財務分析☆ ◇000423 東阿阿膠 更新日期：2018-03-15◇ 港澳資訊 灵通V7.0
☆【港澳資訊】所載文章、數據僅供參考，使用前務請仔細核實，風險自負。☆
★本栏包括【1.財務指標】【2.报表摘要】【3.异动科目】【4.环比分析】★

【1.财务指标】
【主要财务指标】

年度 每股收益	2017-12-31	2016-12-31	2015-12-31	2014-12-31
净利润现金含量(%)	85.9631	33.7156	60.1596	48.1203
基本每股收益(元)	3.1258	2.8324	2.4847	2.0879
每股收益-扣除(元)	2.9977	-	-	-
每股收益-摊薄(元)	3.1258	2.8324	2.4847	2.0879

季度 每股收益	2017-12-31	2017-09-30	2017-06-30	2017-03-31
净利润现金含量(%)	85.9631	-35.3554	-65.5911	23.7811
基本每股收益(元)	3.1258	1.9060	1.3783	0.9244
每股收益-扣除(元)	2.9977	-	1.2826	-
每股收益-摊薄(元)	3.1258	1.9061	1.3784	0.9244

牛刀小試 / 實戰演練

進入通達信，快速鍵 F10
>> 港澳（左上角）
>> 財務分析
>>【1.財務指標】
　　【主要財務指標】
>> 每年基本每股收益
>> 每季基本每股收益

季度	2017/12/31	2017/9/30	2017/6/30	2017/3/31	最近4季的EPS
基本每股收益（累計）	3.13	1.91	1.38	0.92	3.13
基本每股收益（當季）	1.22	0.53	0.46	0.92	3.13

年度	2017/12/31	2016/12/31	2015/12/31	2014/12/31	過去4年平均的EPS
基本每股收益（累計）	3.13	2.83	2.48	2.09	2.63

年度股價與本益比	2017年		2016年		2015年		2014年		過去4年每年本益比平均值
	股價	本益比	股價	本益比	股價	本益比	股價	本益比	
當年度最高價	73.71	24	63.63	22	63.42	26	40.73	20	23
每月月底平均價	63.13	20	52.56	19	46.71	19	34.78	17	19
當年度最低價	51.38	16	42.38	15	36.6	15	30.3	15	15

高檔價	=（最近4季的EPS+過去4年平均的EPS）/2 X過去4年中每年「最高本益比」的平均值= 66.24
合理價	=（最近4季的EPS+過去4年平均的EPS）/2 X過去4年中每年「平均本益比」的平均值= 54.72
低檔價	=（最近4季的EPS+過去4年平均的EPS）/2 X過去4年中每年「最低本益比」的平均值= 43.2

圖 6-8　　實戰演練：東阿阿膠周 K 線圖

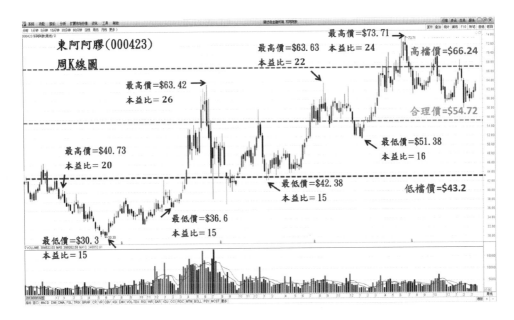

圖 6-9 ▶ 實戰演練：安琪酵母

系統 功能 報價 分析 扩展市场行情 資訊 工具 帮助				通达信金融终端 安琪酵母

| | 最新提示 | 公司概况 | 财务分析 | 股东研究 | 股本结构 | 资本运作 | 业内点评 | 行业分析 |
| | 公司大事 | 港澳特色 | 经营分析 | 主力追踪 | 分红扩股 | 高层治理 | 龙虎榜单 | 关联个股 |

☆财务分析☆ ◇600298 安琪酵母 更新日期：2018-03-15◇ 港澳资讯 灵通V7.0
☆【港澳资讯】所载文章、数据仅供参考，使用前务请仔细核实，风险自负。☆
★本栏包括【1.财务指标】【2.报表摘要】【3.异动科目】【4.环比分析】★

【1.财务指标】
【主要财务指标】

年度 每股收益	2017-12-31	2016-12-31	2015-12-31	2014-12-31
净利润现金含量(%)	132.4203	145.8226	203.6941	475.0907
基本每股收益(元)	1.0280	0.6493	0.8497	0.4465
每股收益-扣除(元)	0.9668	0.5990	0.7404	0.3405
每股收益-摊薄(元)	1.0280	0.6493	0.8497	0.4465

季度 每股收益	2017-12-31	2017-09-30	2017-06-30	2017-03-31
净利润现金含量(%)	132.4203	112.5403	81.5008	-5.2019
基本每股收益(元)	1.0280	0.7400	0.5110	0.2584
每股收益-扣除(元)	0.9668	–	0.4820	
每股收益-摊薄(元)	1.0280	0.7421	0.5108	0.2584

牛刀小試 / 實戰演練

進入通達信，快速鍵 F10
>> 港澳（左上角）
>> 財務分析
>>【1.財務指標】
　【主要財務指標】
>> 每年基本每股收益
>> 每季基本每股收益

季度	2017/12/31	2017/9/30	2017/6/30	2017/3/31	最近4季的EPS
基本每股收益（累計）	1.03	0.74	0.51	0.26	1.03
基本每股收益（當季）	0.29	0.23	0.25	0.26	
年度	2017/12/31	2016/12/31	2015/12/31	2014/12/31	過去4年平均的EPS
基本每股收益（累計）	1.03	0.65	0.85	0.45	0.74

年度股價與本益比	2017年		2016年		2015年		2014年		過去4年每年本益比平均值
	股價	本益比	股價	本益比	股價	本益比	股價	本益比	
當年度最高價	36.49	35	43.35	67	44.4	52	20.83	46	50
每月月底平均價	24.65	24	23.15	36	28.18	33	16.92	38	33
當年度最低價	16.8	16	14.3	22	18.48	22	13.97	31	23

高檔價	=（最近4季的EPS+過去4年平均的EPS）/2 X過去4年中每年「最高本益比」的平均值=	44.25
合理價	=（最近4季的EPS+過去4年平均的EPS）/2 X過去4年中每年「平均本益比」的平均值=	29.21
低檔價	=（最近4季的EPS+過去4年平均的EPS）/2 X過去4年中每年「最低本益比」的平均值=	20.36

圖 6-10　實戰演練：安琪酵母周 K 線圖

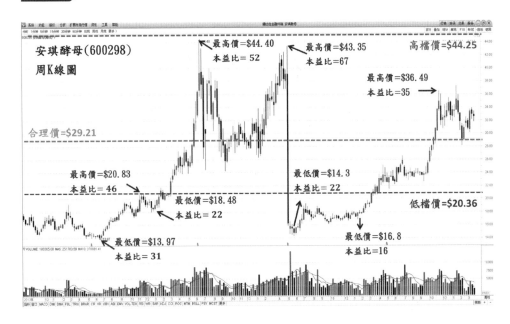

6-4

利用股價淨值比法，評估景氣循環股

(1) **淨值就是一間公司最基本的價值**，也可稱為「公司的淨資產」，就是「公司所有的資產」減去「公司所有的負債」後的餘額。

(2) 每股淨值的基本公式：每股淨值＝（資產總額－負債總額）／發行股數。（每股淨值是指，企業股票的每股股份真正的價值為多少。）

(3) 股價淨值比（PBR）是指，企業在某特定時間點的股價，相對於最近期期末每股淨值的比值。

(4) 股價淨值比（PBR）的基本公式：股價淨值比（PBR）＝股票市價／每股淨值

(5) 股價／每股淨值＝股價淨值比，那麼回推公式：

　　算出合理的股價＝每股淨值 X 股價淨值比

💰 股價、淨值與股價淨值比之間的關係

股票的價格和價值之間的比值，經常不是固定的。股價與淨值之間的比值，就是「股價淨值比」。股價淨值比反應出投資人對於該股的信心指數，並通常會因為市場的供需、貪婪與恐懼等因素，而產生波動。當企業營運不佳時，投資人信心下降，股價淨值比下滑，反之則上漲。

有些股票每年的最低或最高股價淨值比，常常落差數倍。

股價淨值比＝股票市價／每股淨值

一間公司的股價淨值比，是股價相對於每股淨值的比。當股價高於每

股淨值時，股價淨值比值大於 1，當股價低於每股淨值時，則比值小於 1。

　　每一種估價的方法都不是萬用的，以「股價淨值比法」評價，比較適合用來評估景氣迴圈股，至於業績持續成長的小型股票較不適合。

💰 股價淨值比雖然簡單但常被誤用

　　一般投資人的迷思觀念：

　　股價淨值比 <1 時，代表股價現在比較便宜，可以考慮買進。股價淨值比 >1 時，代表股價現在比較昂貴，可以考慮賣出。

　　當股價淨值比數值低於 1 時，通常表示公司的每股淨值會高於目前的股價，一旦公司被清算，也能拿回比股價更高的清算金額。但是，一般投資人尚未考慮的迷思是：

　　淨值：資產總值與負債部位透過財報估算，所計算出的剩餘價值。

　　清算價值：企業一旦被拍賣出售後，所能得到的價值。

　　淨值 ＝清算價值

　　PBR ＜ 1 的企業雖然有股價低估的現象，**但常常見到是虧損多年的企業**

買進PBR ＜ 1價值型投資股票的要訣：

ROE>0

6-5

採取 ROE 法時，
你必須注意 2 件事

股東權益報酬率簡稱 ROE ，指的是一家公司獲得的淨利除上股東權益所獲得的值，如果以公式表示，就是

$$股東權益報酬率ROE = \frac{稅後淨利}{股東權益}$$

接下來，什麼是股東權益呢？股東權益也可稱為「公司的淨資產」。如何計算公司的淨資產？將「公司所有的資產」減去「公司所有的負債」後的餘額，換句話說，股東權益就是一間公司的「實際身價」有多少錢。

購買一家公司的股票後，你的身分就是股東，股東權益的金額表示公司可以運用的資源，能進一步為這間公司股東賺進來多少錢。公司利用股東權益創造獲利的能力到底好不好，可以從 ROE 看出，ROE 的數值高低是公司運用這些資源的效率，ROE 數值愈高，公司獲利能力愈佳，表示公司越能替股東賺錢。

觀念再澄清：關於 ROE 和 EPS 的差異，如果要判斷公司的經營效率，要看 ROE，即股東權益報酬率，也就是反映公司賺錢的效率好不好；EPS 則是反映公司賺不賺錢、每股總共賺得多不多。如果要判斷股價是否合理，就看本益比的倒數，即外部股東報酬率，也就是股東利用錢所創造的效率。

💰 什麼是 ROE 估價法

ROE 預期估價法 1：

$$預期股票價格 = \frac{平均 ROE \times 每股淨資產}{預期報酬率}$$

這種估算法由於每家公司投資者主觀的預期報酬率有所不同，所以在推估上會有所差異，在此僅提供參考。

ROE 預期估價法 2：

估算股票價格 = 最近的 ROE X 最近一年的淨資產 x 過去每年本益比的平均值

這種估算法由於每家公司的股價及相關財務數據較容易取得，所以在股價推估上較容易。我們將以此法跟各位介紹。

💰 利用平均 ROE 方法算出股票合理價格

以個股最近 4 年的 ROE、最近一年的淨資產及過去 4 年的本益比平均值，推算股票現值的價位。

- 高檔價 = 最近 4 年的 ROE X 最近一年的淨資產 X 過去 4 年中每年「最高本益比」的平均值
- 合理價 = 最近 4 年的 ROE X 最近一年的淨資產 X 過去 4 年中每年「平均本益比」的平均值
- 低檔價 = 最近 4 年的 ROE X 最近一年的淨資產 X 過去 4 年中每年「最低本益比」的平均值

💰 注意事項

1. 使用 ROE 估價法評估的前提是：要以公司的 ROE 穩定為優先。由於股東權益報酬率的穩定性比公司獲利的成長性更重要，如果該公司因為產業競爭過於激烈，或是公司每年每季獲利能力不穩定，造成 ROE 反覆波動，則可能不適合採用 ROE 估價法，來評估股票價格。

2. 使用 ROE 估價法評估股價，必須排除債務比率過高的公司，因為在計算股東權益時必須扣除負債金額。假設在公司淨利不變的情況下，企業可以透過舉債的方式來降低股東權益比率，進而造成 ROE 虛澎的情形，因此對於債務比率過高或忽然債務比率提高的公司，可能不適合採用 ROE 估價法，來評估股票價格。

圖 6-11 實戰演練：平安銀行

系統　功能　報價　分析　擴展市場行情　資訊　工具　幫助					通达信金融终端 平安银行		
貝格		交易必读	公司概况	财务分析	股东研究	公司股本	重大事项	公司动态	行业分析
港澳		大事公告	估值调研	经营分析	主力追踪	分红融资	高管动向	新闻事件	同行比较

【财务分析】--平安银行（000001）
【财务指标】【财报摘要】【单季度利润表】【同比异动】【环比异动】【环比分析】
更新日期：2018年03月29日　贝格数据

【财务指标】- 主要财务指标

财务指标	2017-12-31	2016-12-31	2015-12-31	2014-12-31
【每股指标】				
基本每股收益(元)	1.3000	1.3200	1.5600	1.7300
基本每股收益扣除(元)	1.3000	1.3200	1.5600	1.7400
摊薄每股收益(元)	1.3505	1.3162	1.5281	1.7332
稀释每股收益(元)	1.3000	1.3200	1.5600	1.7300
每股净资产(元)	11.7700	10.6100	11.2900	11.4616
每股资本公积金(元)	3.2885	3.2885	4.1462	4.5751
每股盈余公积金(元)	0.6279	0.6279	0.5955	0.5544
每股未分配利润(元)	4.6394	3.7357	3.6994	3.8211
每股经营现金流净额(元)	-6.9200	0.6400	-0.1300	2.2200
每股现金流净额(元)	-5.6137	-1.6265	5.4432	0.2059
【盈利能力指标】				
加权净资产收益率%	11.6200	13.1800	14.9400	16.3500
加权净资产收益率扣除%	11.6100	13.1800	14.9600	16.3900
摊薄净资产收益率%	10.4430	11.1800	13.5400	15.1200
摊薄净资产收益率扣除%	10.4308	11.1800	13.5600	15.1500
总资产收益率%	0.7478	0.8277	0.9317	0.9711
销售毛利率%	-	-	-	-
销售净利率%	21.9207	20.9804	22.7374	26.9756
营业利润率%	28.5699	27.6461	30.0479	35.7541
成本费用利润率%	39.9097	95.2798	78.4221	81.4743

牛刀小試 / 實戰演練

進入通達信，快速鍵 F10
>> 貝格（左上角）
>> 財務分析
>> 【財務指標】
　　主要財務指標
>> 每年每股淨資產
>> 每年攤薄淨資產收益率 %

季度	2017/12/31	2016/12/31	2015/12/31	2014/12/31	最近一年的淨資產
每股淨資產(元)	11.77	10.61	11.29	11.46	11.77
年度	2017/12/31	2016/12/31	2015/12/31	2014/12/31	最近4年平均的ROE(%)
淨資產收益率(%)	10.44	11.18	13.54	15.12	12.57

年度股價與本益比	2017年		2016年		2015年		2014年		過去4年每年本益比平均值
	股價	本益比	股價	本益比	股價	本益比	股價	本益比	
當年度最高價	15.24	12	12.03	9	19.8	13	16.16	11	11
每月月底平均價	10.57	8	9.63	8	13.27	9	11.37	6	8
當年度最低價	8.54	7	8.52	6	9.3	6	9.52	7	6

高檔價	=最近4年平均的ROE X最近一年的淨資產 X過去4年中每年「最高本益比」的平均值= 16.27
合理價	=最近4年平均的ROE X最近一年的淨資產 X過去4年中每年「平均本益比」的平均值= 11.84
低檔價	=最近4年平均的ROE X最近一年的淨資產 X過去4年中每年「最低本益比」的平均值= 8.88

圖 6-12　實戰演練：平安銀行周 K 線圖

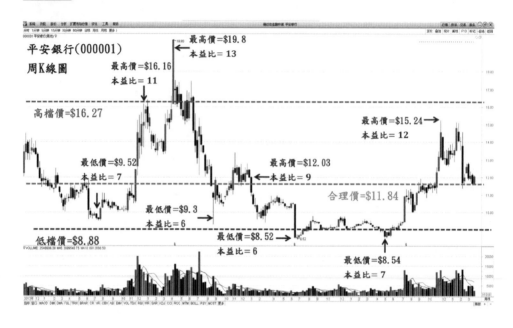

圖 6-13 實戰演練：安琪酵母

牛刀小試 / 實戰演練

進入通達信，快速鍵 F10
>> 貝格（左上角）
>> 財務分析
>> 【財務指標】
　　主要財務指標
>> 每年每股淨資產
>> 每年攤薄淨資產收益率 %

季度	2017/12/31	2016/12/31	2015/12/31	2014/12/31	最近一年的淨資產
每股淨資產(元)	4.66	3.95	9.22	8.56	4.66
年度	2017/12/31	2016/12/31	2015/12/31	2014/12/31	最近4年平均的ROE(%)
淨資產收益率(%)	22.05	16.45	9.22	5.22	13.24

年度股價與本益比	2017年		2016年		2015年		2014年		過去4年每年本益比平均值
	股價	本益比	股價	本益比	股價	本益比	股價	本益比	
當年度最高價	36.49	35	43.35	67	44.4	52	20.83	46	50
每月月底平均價	24.65	24	23.15	36	28.18	33	16.92	38	33
當年度最低價	16.8	16	14.3	22	18.48	22	13.97	31	23

高檔價	=最近4年平均的ROE X最近一年的淨資產 X過去4年中每年「最高本益比」的平均值=	30.85
合理價	=最近4年平均的ROE X最近一年的淨資產X過去4年中每年「平均本益比」的平均值=	20.36
低檔價	=最近4年平均的ROE X最近一年的淨資產X過去4年中每年「最低本益比」的平均值=	14.19

圖 6-14 ▶ 實戰演練：安琪酵母周 K 線圖

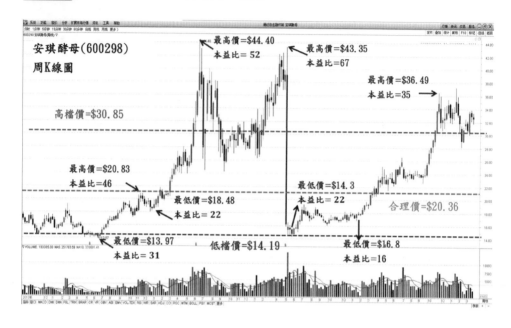

圖 6-15　實戰演練：伊利股份

系統　功能　報價　分析　扩展市场行情　资讯　工具　帮助			通达信金融终端 伊利股份				
贝格		交易必读	公司概况	财务分析	股东研究	公司股本	重大事项	公司动态	行业分析
港澳		大事公告	估值调研	经营分析	主力追踪	分红融资	高管动向	新闻动态	同行比较

【财务分析】－－伊利股份（600887）
【财务指标】【财报摘要】【单季度利润表】【同比异动】【环比异动】【环比分析】
更新日期：2018年04月02日　贝格数据

【财务指标】- 主要财务指标

财务指标	2017-09-30	2016-12-31	2015-12-31	2014-12-31
审计意见		标准无保留意见	无保留	标准无保留意见
【每股指标】				
基本每股收益(元)	0.8100	0.9300	0.7600	1.3500
基本每股收益扣除(元)	—	0.7500	0.6600	1.2300
摊薄每股收益(元)	0.8122	0.9336	0.7637	1.3524
摊薄每股收益扣除(元)	0.8109		0.7599	1.3500
每股净资产(元)	3.9785	3.8059	3.2951	6.0808
每股资本公积金(元)	0.4561	0.4083	0.4084	2.1160
每股盈余公积金(元)	0.3102	0.3110	0.2399	0.3731
每股未分配利润(元)	2.2344	2.0269	1.6144	2.5853
每股经营现金流净额(元)	1.1047	2.1134	1.5724	0.7951
每股现金流净额(元)	1.2003	0.1640	-0.0402	1.4098
【盈利能力指标】				
加权净资产收益率%	20.7100	26.5800	23.8700	23.6600
加权净资产收益率扣除%				
摊薄净资产收益率%	20.4144	24.5294	23.1770	22.2405
摊薄净资产收益率扣除%	18.8654	19.6124	20.1075	10.5145
总资产收益率%	11.4336	14.3714	11.7647	11.5143
销售毛利率%	37.9235	37.9436	35.8948	32.5418
销售净利率%	9.4750	9.3995	7.7751	7.7216
营业利润率%	11.3473	9.1531	8.1758	8.1352
成本费用利润率%	12.5382	12.0534	9.9726	9.6116

牛刀小試 / 實戰演練

進入通達信，快速鍵 F10
>> 貝格（左上角）
>> 財務分析
>> 【財務指標】
　　主要財務指標
>> 每年每股淨資產
>> 每年攤薄淨資產收益率 %

季度	2017/12/31	2016/12/31	2015/12/31	2014/12/31	最近一年的淨資產
每股淨資產(元)	3.98	3.81	3.30	6.08	3.98

年度	2017/12/31	2016/12/31	2015/12/31	2014/12/31	最近4年平均的ROE(%)
淨資產收益率(%)	20.41	24.53	23.18	22.24	22.59

年度股價與本益比	2017年		2016年		2015年		2014年		過去4年每年本益比平均值
	股價	本益比	股價	本益比	股價	本益比	股價	本益比	
當年度最高價	33.7	42	20.66	22	44.95	59	40.98	60	46
每月月底平均價	23.04	28	16.24	17	21.48	28	30.56	45	30
當年度最低價	17.38	21	12.51	13	13.31	18	21.34	31	21
高檔價	=最近4年平均的ROE X最近一年的淨資產 X過去4年中每年「最高本益比」的平均值= 41.36								
合理價	=最近4年平均的ROE X最近一年的淨資產 X過去4年中每年「平均本益比」的平均值= 26.97								
低檔價	=最近4年平均的ROE X最近一年的淨資產 X過去4年中每年「最低本益比」的平均值= 18.88								

圖 6-16 ▶ 實戰演練：伊利股份周 K 線圖

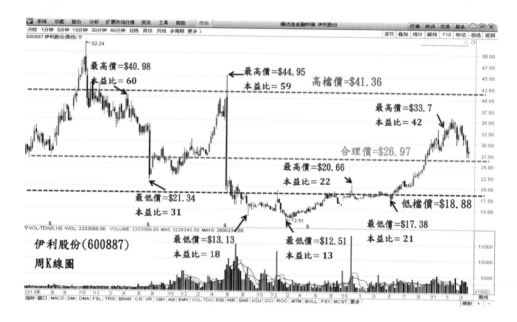

數字會說話，任何不合理、
不尋常的地方，
就隱藏著解決問題的關鍵！

6-6

法人常用的股利評價模式，只適合哪種股票？

「股利評價模式」又稱為「自由現金流量折現法」，是法人常用的股價推估模式。

這種方式的準確度比較高，但計算方式比較複雜，必須給定一個未來的預估值才能計算。

衡量股票的價值，可以用未來現金流量的現值來評價，其中包括每年預期股利及未來出售時的價格。將未來各年的預期股利加上未來出售的價格，以適當折現率折現後的現值加總，就是普通股的價值，又稱為「股利折現模式」。

$$
\begin{aligned}
P_0 &= \frac{D_1}{(1+R)^1} + \frac{D_2}{(1+R)^2} + \cdots\cdots + \frac{D_n}{(1+R)^n} + \frac{P_n}{(1+R)_n} \\
&= \frac{D_1}{(1+R)^1} + \frac{D_2}{(1+R)^2} + \cdots\cdots + \frac{D_n}{(1+R)^n} + \frac{P_{n+1}}{(1+R)^{n+1}} + \cdots\cdots + \frac{D_\infty}{(1+R)^\infty} \\
&= \sum_{t=1}^{\infty} \frac{D_t}{(1+r)^t} +
\end{aligned}
$$

💰 法人常用的股票評價模式

（一）股利零成長股票評價模式

1. 定義：所謂零成長股票是指每年都發固定股利給股東，也就是預期股利成長為零。

2. 說明：評價模式如下

$$P_0 = \frac{D_1}{(1+R)^1} + \frac{D_2}{(1+R)^2} + \cdots\cdots + \frac{D_n}{(1+R)^n} + \frac{P_\infty}{(1+R)^\infty}$$

$$= \frac{D_0(1+g)_1}{(1+R)^1} + \frac{D_0(1+g)_2}{(1+R)^2} + \cdots\cdots + \frac{D_0(1+g)_n}{(1+R)^n} + \frac{D_0(1+g)_\infty}{(1+R)^\infty}$$

$$= \frac{D}{R}$$

　　符號說明：D 是零成長股票每年預期的股利

　3. 結論：零成長股利股票的評價，可以用每年支付固定股利的永續年金現值來計算。

（二）股利固定成長股票評價模式

　1. 定義：所謂股利固定成長股票是指，股利以一定的比例成長，假設預期的股利成長率為 g，本期股利為 D_0，則下一期股利為 $D_0（1 + g）$，依此類推。這個模式又稱為「Gordon 高登模式」。

　2. 說明：評價模式如下

$$P_0 = \frac{D_1}{(1+R)^1} + \frac{D_2}{(1+R)^2} + \cdots\cdots + \frac{D_n}{(1+R)^n} + \frac{D_\infty}{(1+R)^\infty}$$

$$= \frac{D_0(1+g)_1}{(1+R)^1} + \frac{D_0(1+g)_2}{(1+R)^2} + \cdots\cdots + \frac{D_0(1+g)_n}{(1+R)^n} + \frac{D_0(1+g)_\infty}{(1+R)^\infty}$$

$$= \frac{D_0(1+g)}{R-g} = \frac{D_1}{R-g}$$

　　符號說明：D_0 目前剛支付的股利，g 是預期股利成長率。

💰 法人常用的股票評價模式

（1）成長率（g）的估計：假設公司不以發行新股或舉債來融資，保留盈餘是唯一的資金來源，再假設公司的股利發放率固定不變，盈餘的成長率等於股利的成長率，那麼股利成長率（g）的估計如下式所示：

$g = b \times ROE = (1 - d) \times ROE$

符號說明：

b 是盈餘保留率，即（每股盈餘－每股股利）÷ 每股盈餘。

d 是股利支付率（d = 1-b），即每股股利 ÷ 每股盈餘。

（2）普通股的報酬率（R）：從固定成長股票評價模式中，經由數學推導，可以獲得下式：

$$R = \frac{D_0(1+g)}{P_0} + g = \frac{D_1}{P_0} + g$$

💰 實務上用簡單的公式　就能算出合理股價

（一）股利零成長股票評價模式

　　假設公司每年發放現金股利都一樣，最簡化的公式是：

$$合理股價 = \frac{現金股利}{股東要求的報酬率}$$

　　用前頁所述的「永續年金折現法」，就可以推算出合理的股價。

　　舉例來說：買進東阿阿膠（000423）這檔股票，然後想要每年都有 5% 的報酬率。假設公司每年發放的現金股利差異不大，平均的現金股利為 2.1 元，算出合理的股價 = $2.1 / 5% = 42 元，跟目前股價 48.2 元相比，合理的股價＜目前股價，股價太高，不該進場。

　　但是，如果只想要有 4% 報酬率，算出合理的股價 = $2.1 / 4% = 52.5 元，合理的股價＞目前股價，股價偏低，可以進場買進。

🪙 簡化每年現金股利固定成長公式算出合理股價

（二） 股利固定成長股票評價模式

$$合理股價 = \left[\frac{今年現金股利 \times (1 + 成長率)}{股東要求的報酬率 - 成長率} \right]$$

所謂成長率，就是現金股利的每年的成長率。

舉例來說：假設國內手機用戶門號每年持續增加，此時電信公司的收入每年會呈現穩定增加，因此該公司每年發放的現金股利將以增加 1% 的速度成長，往後該電信公司每年會依照同樣的股利成長率繼續成長下去。假設今年發放現金股利 2 元，明年預計發放 2 x（1+1%） = 2.02，後年預計發放 2.02 x（1+1%） = 2.402。投資人要求每年有 5% 的報酬率，算出合理股價 = [2 x（1 +1%）] /（5% - 1%） = 50.5 元。

當合理的股價＜目前股價，股價太高，不該進場。當合理的股價＞目前股價，股價偏低，可以進場買進。

🪙 最後複習，影響合理股價的 5 個因素

掌握這 5 個關鍵因素，就能自己決定投資股票想要的報酬率。有了報酬率後，試著推估幾年後的現金股利，就能自己算出股票的合理價格。

現金股利折現法，一般只適用於現金股利發放率高的股票（即適用於把盈餘都當成股利發出去的公司）。

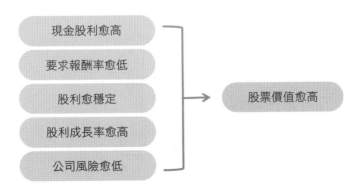

第 7 章

了解宏觀經濟特徵，判斷股市升溫或降溫

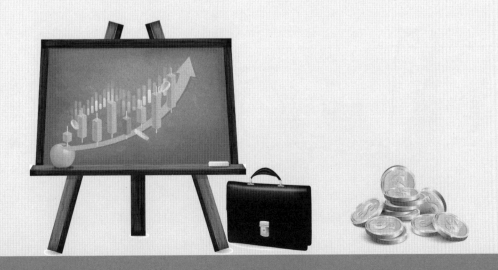

7-1

利率的高低會如何影響股市？

　　利率為衡量利息高低的指標，是一定時期內利息和本金的比率。利率
= 利息 / 本金。

　　利率如何影響股市？利率改變會使不同投資工具的收益發生變化，投
資者將改變投資標的，例如：利率上升→資金流入銀行或債券等其他投資
工具，以獲取利息收入→流入股市資金減少→股市冷清。

　　而且，利率改變會影響公司利潤，例如：利率上升→企業貸款成本提
高→企業營運成本增加、盈餘減少→公司股票價格降低→股市走跌。

　　因此，央行降低利率（降息）會使股市升溫，而央行提高利率（升息）
則會讓股市降溫。

圖 7-1 ▶ 央行利率調整決議與上證綜指

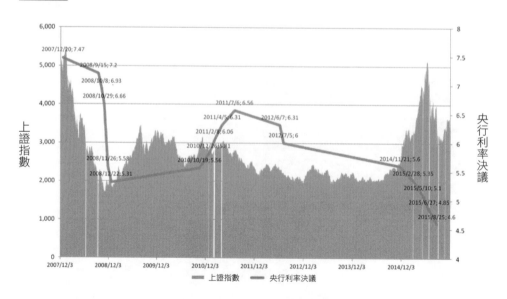

法定存款準備金率與股市的關係

法定存款準備金率，是央行規定商業銀行和存款金融機構必須繳存在央行的法定準備金，占其存款總額的比率。

法定存款準備金率如何影響宏觀經濟？ 當景氣過熱→央行規定法定準備率高→商業銀行等繳存央行的存款準備金多→可貸放的資金減少→社會信貸量降低→避免景氣過熱。

相反地，當景氣低迷→央行規定法定準備率低→商業銀行等繳存央行的存款準備金少→可貸放的資金增加→社會信貸量增加→刺激景氣。

法定存款準備金率如何影響股市？ 央行降低存款準備金率（降準），會使股市升溫，而央行提高存款準備金率（升準），則會讓股市降溫。

圖 7-2 　法定存款準備金比率與上證綜指

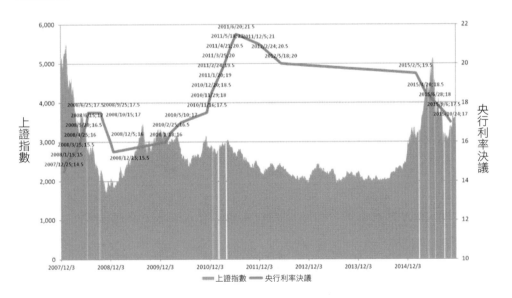

7-2

採用事件分析法，
判斷股價異常變動

　　事件分析法通常被廣泛應用於探討某一事件發生時（例如：政府公布重大政策、公司宣告股利、獲利盈餘發佈等訊息），是否會引起股價的異常變動，因而產生異常報酬率（abnormal returns）。若存在顯著的異常報酬，表示該事件的發生是對該股票造成異常報酬率的有用資訊。

🪙 事件分析法的研究步驟

　　1. 確定事件日：確定該事件或資訊，以及市場獲得該事件資訊的日期。例如：召開全國人民代表大會、實施熔斷機制、A 股入 MSCI 新興市場指數等事件。

　　2. 估計異常報酬率：先建立股票報酬率的預期模式，再估計當事件發生後，個別股票可能產生的異常報酬率。

　　3. 回朔 10 年的資料，結果發現，上市公司股票在正向事件後存在顯著為正的累積異常報酬，而在負面事件後存在顯著為負的累積異常報酬，也就是存在反應不足的現象。此外，無論是漲停或跌停，在事件後，多數上市公司的系統風險皆顯著高於事前水準。

　　4. 檢定異常報酬率的顯著性後，就可以知道股票的最佳進場點及出場點。

圖 7-3　實戰演練：事件發生對股票的影響

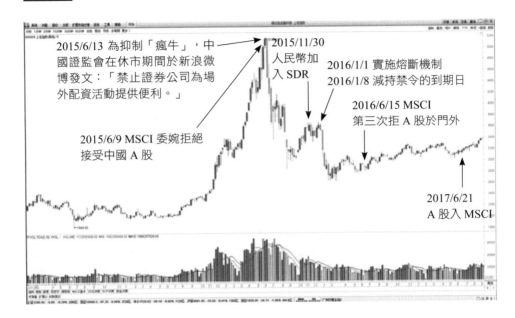

2015/6/13 為抑制「瘋牛」，中
國證監會在休市期間於新浪微
博發文：「禁止證券公司為場
外配資活動提供便利。」

2015/6/9 MSCI 委婉拒絕
接受中國 A 股

2015/11/30
人民幣加
入 SDR

2016/1/1 實施熔斷機制
2016/1/8 減持禁令的到期日

2016/6/15 MSCI
第三次拒 A 股於門外

2017/6/21
A 股入 MSCI

緊盯政府重大會議，
找出最佳進場點

　　政府召開重大會議的時程，一般來說都是確定的。為了迎接重大會議的盛況，並營造會議的順利成功，政府通常會在事前採取相對寬鬆的財政政策或貨幣政策。

　　以中國的全國人大和全國政協等大型會議為例，最佳的股市進場時機是會議正式開幕前一個月。

圖 7-4　實戰演練：政府重大會議進場點

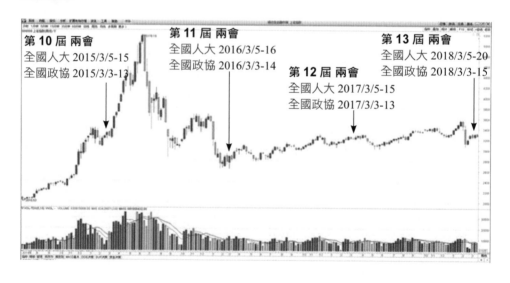

造成損失的真正原因，
不是指數的漲跌，
而是你的情緒。

7-4

貨幣政策寬鬆或緊縮，刺激股市升溫或降溫

　　貨幣供給指的是某一國家或貨幣區的銀行系統，向經濟體中投入、創造、擴張（或收縮）貨幣的金融過程。

　　貨幣政策是一個國家或經濟體的貨幣權威機構（央行），利用控制貨幣供應量，達到影響其他經濟活動所採取的措施。主要手段包括：調節基礎利率（升、降息）；調節法定準備金率（升、降準）；公開市場業務（買賣政府債券）。

　　在貨幣政策當中，**量化寬鬆（Quantitative easing）**為一種非常規的寬鬆貨幣政策，由一國的貨幣管理機構（通常是央行）透過公開市場操作，以提高實體經濟環境中的貨幣供應量。**這相當於間接增印鈔票。**

　　因此，央行採取寬鬆貨幣政策，會導致股市升溫，而央行採取緊縮貨幣政策，則會使股市降溫。

▶ 圖 7-5　實戰演練：貨幣政策對股市的影響

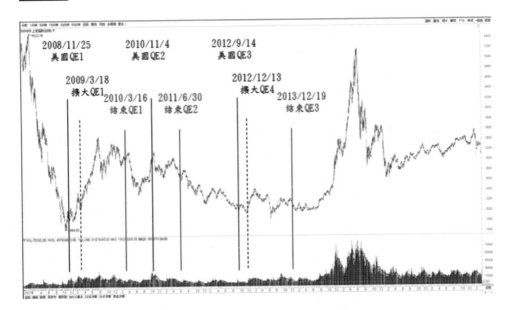

7-5

透過貨幣金叉與死叉，把握買賣時機

貨幣供應量是指，在某一個特定時間點的貨幣資產總量。

貨幣供應量的定義：

- M0：流通中現金，即在銀行體系以外流通的現金。
- M1：狹義貨幣供應量，即 M0 ＋企事業單位活期存款。
- M2：廣義貨幣供應量，即 M1 ＋企事業單位定期存款＋居民儲蓄存款。

M1、M2 增速差與股市有何關係？一般情況下，當 M1 增速上穿 M2 增速時，兩者出現「金叉」，代表資金趨向活期化，流動性較強，對股市有利，股市將延續趨勢性的上漲行情。反之，當 M1 增速下穿 M2 增速時，出現「死叉」，代表資金回流銀行，則股市有可能見頂回落，行情往往持續下跌趨勢。

增速 M1 > M2 證明資金向活期化轉進，股市往往會變好，而反之則股市變差。

圖 7-6　實戰演練：掌握貨幣金叉及死叉的最佳進出場點 -1

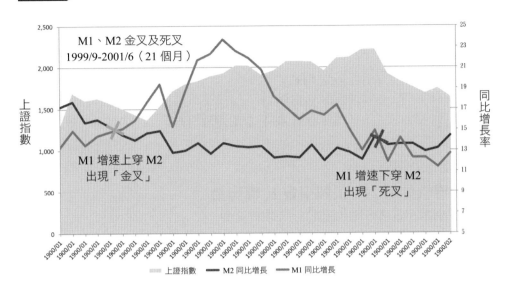

圖 7-7　實戰演練：掌握貨幣金叉及死叉的最佳進出場點 -2

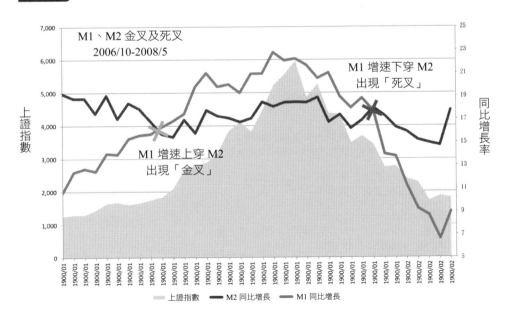

國家圖書館出版品預行編目（CIP）資料

余博教你用 200 張圖學會 K 線算價：
5 分鐘算出買進與賣出的價位，下單會更賺
／余適安著
--初版.--新北市：大樂文化有限公司，2023.09
256面；17×23公分 . --（Money；049）

ISBN：978-626-7148-83-9（平裝）
1.股票投資 2.投資技術 3.投資分析

563.53 112014508

Money 049

余博教你用 200 張圖學會 K 線算價

5 分鐘算出買進與賣出的價位，下單會更賺

作　　者／余適安
封面設計／蕭壽佳
內頁排版／思思
責任編輯／陳琦琦
主　　編／皮海屏
發行專員／張紜蓁
發行主任／鄭羽希
財務經理／陳碧蘭
發行經理／高世權
總編輯、總經理／蔡連壽
出 版 者／大樂文化有限公司（優渥誌）
　　　　　地址：新北市板橋區文化路一段 268 號 18 樓之 1
　　　　　電話：（02）2258-3656
　　　　　傳真：（02）2258-3660
　　　　　詢問購書相關資訊請洽：（02）2258-3656

香港發行／豐達出版發行有限公司
　　　　　地址：香港柴灣永泰道70號柴灣工業城2期1805室
　　　　　電話：852-2172 6513 傳真：852-2172 4355

法律顧問／第一國際法律事務所余淑杏律師
印　　刷／韋懋實業有限公司

出版日期／2023年09月27日
定　　價／350元（缺頁或損毀的書，請寄回更換）
I S B N　978-626-7148-83-9